Roger-Pol Droit

Wie ich meiner Tochter die Philosophie erkläre

Aus dem Französischen
von Hainer Kober

| Hoffmann und Campe |

Die Originalausgabe erschien 2004 unter dem Titel
»La philosophie expliquée à ma fille«
im Verlag Éditions du Seuil, Paris.

1. Auflage 2006

www.hoca.de
Einbandgestaltung: Katja Maasböl
Illustration: Christian Roux
Satz: Dörlemann Satz, Lemförde
Druck und Bindung: Clausen & Bosse, Leck
Printed in Germany
ISBN (10) 3-455-09523-2
ISBN (13) 978-3-455-09523-4

HOFFMANN
UND CAMPE

Ein Unternehmen der
GANSKE VERLAGSGRUPPE

Inhalt

All jenen, die Fragen stellen
und sich nicht mit den Antworten zufrieden geben

Warum dieses Buch?

»Philosophie« ist ein Wort, das häufig Angst macht. Wir erwarten schrecklich komplizierte Fragen, ein unverständliches Vokabular, Bücher, deren Titel wir nicht einmal verstehen. Ein ganz eigenes Universum, das ein paar abgehobenen, fast schon außerirdischen Spezialisten vorbehalten ist. Kurzum, nach dieser verbreiteten Ansicht handelt es sich um keine Beschäftigung für die Allgemeinheit. Doch wer das glaubt, täuscht sich.

Denn wir alle, insbesondere wenn wir Kinder oder Jugendliche sind, fragen uns nach dem Sinn des Lebens, des Todes, der Gerechtigkeit, der Freiheit und anderer wichtiger Dinge. Im Übrigen ist jeder in der Lage, nachzudenken, zu urteilen, seine Ideen zu organisieren. Und mehr ist nicht erforderlich, um mit der Philosophie zu beginnen: die Fähigkeit, zu fragen und nachzudenken.

Wenn wir jedoch allzu rasch beruhigt sind, laufen wir Gefahr, in eine andere Falle zu tappen. Die Philosophie wird dann so einfach, so leicht verfügbar, so banal, dass sie jeden Reiz verliert. Dann treiben alle Philosophie, wie sie atmen, von morgens bis abends, ohne sich darüber im Klaren zu sein.

Doch die Philosophie ist weder eine Denksportaufgabe noch eine natürliche und spontane Betätigung. Man kann sie auf verschiedenen Niveaus betreiben, wie die Musik, den Sport oder die Mathematik – als Anfänger oder Fortgeschrittener, als Amateur oder Profi.

Entscheidend ist der richtige Anfang, fernab aller Illusionen, Vorurteile oder Ungenauigkeiten. Das ist das Ziel dieses Buches: den ganz jungen Anfängern eine möglichst verständliche und genaue Vorstellung von dem zu vermitteln, was man »Philosophie« nennt, von ihrer Einheit und Vielfalt.

Das Buch soll Jugendlichen, die wissen möchten, was es mit dieser Tätigkeit unseres Geistes auf sich hat, wirklich von Nutzen sein. Denn die Philosophie ist eine unerschöpfliche Quelle der Freude, des Staunens und der Freiheit.

Ich möchte diesen Punkt noch einmal betonen, bevor ich mich dem Dialog zuwende, den ich mit meiner sechzehnjährigen Tochter Marie geführt habe, dem aber auch jüngere Leser mühelos folgen können. Mein Leben lang habe ich Philosophen gelesen. Ich habe sie studiert und kommentiert. Viele der lebenden kenne ich. Und zu den zahlreichen Büchern, die es auf dem Gebiet der Philosophie gibt, habe ich sogar ein paar eigene hinzugefügt.

Trotz allem werde ich noch immer überrascht. Von

der Vielfalt der Philosophien. Von den merkwürdigen, unglaublichen und unerwarteten Ideen, die in den Köpfen der Menschen entstehen. Von der Klugheit und dem Scharfsinn der Analysen. Von der außerordentlichen Freiheit, die sich in einem geistigen Universum entfaltet, in dem keine Diskussion verboten, keine Möglichkeit zensiert und keine Kritik zurückgewiesen wird.

Diese geistige Offenheit macht die unerschöpfliche Kraft der Philosophie aus. Sie erscheint mir unentbehrlich, da ich davon überzeugt bin, dass wir leben wie wir denken. Wir leben kleinmütig, wenn wir kleinmütig denken. Wir leben frei, wenn wir frei denken. Das Denken ist nie ohne Konsequenz für unser Dasein – unsere individuelle wie kollektive Existenz.

Daher ist mir durchaus klar, welche Verantwortung ich auf mich nehme, wenn ich versuche, jungen Menschen einen ersten Zugang zur Philosophie zu eröffnen. Ich glaube, ich habe mein Bestes getan, weiß aber auch, dass die Vollkommenheit, die wir manchmal in unseren Träumen finden, in der Wirklichkeit selten anzutreffen ist.

1
Wahre Ideen suchen

Also, was ist Philosophie?

Wir wollen nach einer Antwort suchen, und ich hoffe sehr, dass wir eine finden. Aber erwarte keine schnelle Antwort. Die Philosophie lässt sich nicht in einem Satz erklären.

Versuch es!

Nein, das bringt gar nichts. Einem Wörterbuch könntest du beispielsweise entnehmen, dass das Wort »Philosophie« aus dem Altgriechischen kommt und »Liebe zur Weisheit« bedeutet. Doch das bringt uns nicht wesentlich weiter, weil wir uns nun fragen müssen, was »Weisheit« bedeutet, was sie ausmacht. Du hast dann zwar verstanden, was das Wort »Philosophie« bedeutet, weißt deshalb aber noch lange nicht, was Philosophie wirklich ist.

Wenn ich die Bedeutung des Wortes kenne, weiß ich auch, was es damit auf sich hat.

Keineswegs. Wenn du erfährst, dass das Wort »Japan« der Name eines Landes in Asien ist, kannst du deshalb noch lange nicht behaupten, du würdest Japan kennen. Oder stell dir vor, ein Kind weiß nicht, was das Wort »Mathematik« bedeutet. Du gibst ihm eine Definition: »die Wissenschaft von Zahlen und geometrischen Figuren«. Jetzt kennt das Kind die Bedeutung des Wortes. Möglicherweise kann es das Wort verwenden. Würdest du aber sagen, dass es jetzt weiß, was Mathematik ist?

Natürlich nicht.

Du siehst also ... das Wort genügt nicht! Etwas zu kennen, heißt nicht nur, über das Wort Bescheid zu wissen, sondern immer auch, eine Erfahrung zu machen. Du kennst das, was man »Mathematik« nennt, wenn du anfängst, dich mit Berechnungen und Beweisen, mit der Arithmetik, der Algebra oder Geometrie zu beschäftigen. Japan lernst du kennen, indem du Bücher liest, dir Ausstellungen und Filme anschaust und natürlich, indem du hinfährst!

Kann man also sagen, dass man, um die Philosophie kennen zu lernen, hinfahren muss?

Vollkommen richtig! Du hast es verstanden. Man muss hinfahren. Nun ist die Philosophie allerdings kein Land oder Ort, an den man sich begeben kann. Sie ist vielmehr, wie die Mathematik, eine Tätigkeit.

Einverstanden, aber was tut *man, wenn man philosophiert?*

Man versucht, die *Wahrheit* zu finden. Das ist keine schlechte Ausgangsbasis: Die Philosophie ist eine Tätigkeit, welche die Wahrheit sucht. Doch das genügt nicht. Auch ein Kriminalbeamter sucht die Wahrheit. Wenn er die Ermittlung in einem Mordfall durchführt, will er herausfinden, wer der Mörder ist. Dazu prüft er, was die Verdächtigen im fraglichen Zeitraum getan haben, vergleicht die verschiedenen Versionen und Aussagen ... und denkt nach! Er wird niemandem aufs Wort glauben und systematisch alles, was man ihm erzählt, in Zweifel ziehen.
Genauso verfahren Philosophen. Um die Wahrheit zu suchen, unterwerfen sie alles, was sie meinen und glauben, einer strengen Prüfung. Sie verdächtigen sogar ohne zu zögern ihre eigenen Ideen. Und doch sind sie keine Kriminalbeamten. Überhaupt gibt es noch viele andere Menschen, die sich damit beschäftigen, etwas Wahres zu suchen. Was fallen dir, von den Ermittlungsbeamten abgesehen, noch für Wahrheitssucher ein?

Ich weiß nicht ... Vielleicht die Historiker? Sie möchten die Wahrheit über das Geschehen in der Vergangenheit herausfinden.

Ja, wenn du so willst, ist das eine Möglichkeit. Und die Naturwissenschaftler? Was meinst du, muss man sie auch zu den Wahrheitssuchern zählen?

Aber ja. Allerdings suchen sie Wahrheiten, die die Probleme der Chemie, der Physik oder der Biologie betreffen!

Genau! Was aus diesen Beispielen folgt, liegt auf der Hand: Kriminalbeamte, Historiker, Naturwissenschaftler (und natürlich noch viele andere Menschen) eint die Suche nach der Wahrheit, die sich allerdings auf die verschiedensten Gebiete erstreckt. Mir scheint, um mit unserer Untersuchung der Philosophie voranzukommen, müssen wir ein Problem lösen. Weißt du, welches?

Wir müssen herausfinden, auf welchem Gebiet die Philosophen nach der Wahrheit suchen.

Ausgezeichnet! Also, was ist deiner Meinung nach das Gebiet, auf dem die Philosophen nach der Wahrheit suchen? Beschäftigen sie sich mit Verbrechern, wie die Polizisten? Tatbeständen in der Physik oder der Chemie wie die Wissenschaftler?

Nein! Ich vermute, dass sie sich eher mit Dingen wie Gerechtigkeit oder Freiheit beschäftigen müssen …

Du hast Recht, aber das müssen wir noch etwas genauer fassen. Es stimmt natürlich, dass Philosophen auf dem Gebiet der *Moral* (was ist gut und was ist böse, was ist gerecht und was ist es nicht) und der *Politik* (Bürger und Macht, Organisation von Entscheidungen) nach der Wahrheit suchen. Doch das sind nicht die einzigen Gebiete. Wenn man sich zum ersten Mal in der Philosophie umsieht, ist man über die Vielzahl der Themen verblüfft, die sie behandelt. Philosophen interessieren sich nämlich für Wissenschaft, Kunst, Logik, Psychologie, Politik, Geschichte … Und doch sind sie weder Wissenschaftler noch Künstler, Logiker, Psychologen, Politiker oder Historiker …

Das verstehe ich nicht. Sie interessieren sich für alles, sind aber auf keinem Gebiet Spezialisten?

Warte noch einen Augenblick, dann wird das Ganze hoffentlich ein bisschen verständlicher. Betrachten wir noch einmal die Elemente dieses – fast könnte man sagen – Ratespiels: Worum könnte es Menschen gehen, die die Wahrheit auf einem Gebiet (der Mathematik, der Moral oder der Kunst) suchen, ohne Experten auf ihm zu sein?

Ich habe keine Ahnung … Das ist ein ganz schön merkwürdiges Rätsel.

Wer nach der Wahrheit in der Mathematik sucht, ist normalerweise Mathematiker. Nach der Wahrheit in der Geschichte suchen in der Regel Historiker. Und so fort. Wenn auch die Philosophen nach der Wahrheit auf allen diesen Gebieten suchen, müssen sie es auf eine besondere Weise tun, als arbeiteten sie auf einem Gebiet, das sich durch alle anderen hindurchzieht. Wir müssen nicht lange nach der Lösung suchen: Die Philosophen suchen die Wahrheit auf dem Gebiet der *Ideen*. Jedes Mal, wenn du verstehen möchtest, wie ein Philosoph ein bestimmtes Gebiet betrachtet, kannst du einfach hinzufügen »die Idee des oder der«. Der Philosoph befasst sich nicht wie ein Anwalt oder Richter mit der Gerechtigkeit, sondern mit der »Idee« der Gerechtigkeit. Er interessiert sich nicht für die Macht wie ein Politiker, sondern versucht, die »Idee« der Macht zu erfassen.
So ist das auf allen Gebieten. In der Mathematik beschäftigt sich der Philosoph mit der Idee des Beweises oder der Idee der Zahl. In der Geschichte geht es ihm um die Idee des Ereignisses, der Revolution, der Gewalt oder auch um die Idee des Friedens. In der Moral interessiert er sich für die Idee des Guten und die Idee des Bösen, oder auch für die Idee der Schuld, der Verantwortung, der Regel.

Verstehst du nun, warum die Philosophen sich mit so vielen Spezialgebieten befassen können, ohne Spezialisten zu sein? Sie beschränken sich auf das Gebiet der Ideen, das sich durch alle Gebiete hindurchzieht.

Dann sind sie also Ideenspezialisten?

Genau. Und diese Suche nach der Wahrheit im Reich der Ideen nimmt fast immer die Form einer Frage an: »Was ist wirklich die Idee der oder des …?« Für die drei kleinen Punkte kannst du »Freiheit«, »Kunstwerks«, »Macht«, »Gerechtigkeit«, »Individuums«, »Seele«, »Menschen«, »Würde« und vieles andere einsetzen. Letztlich suchen die Philosophen nach der bestmöglichen Definition jeder Idee. Und unter diesen Definitionen suchen sie diejenige, die wahr ist.

Wem dient ihre Suche aber konkret?

Dem Leben, ganz einfach dem Leben! Die Ideen sind nicht ein separates Gebiet, eine Art Garten, der neben dem Leben liegt. Ganz im Gegenteil! In Wirklichkeit bestimmen die Ideen das Handeln, die Lebensweise, das Verhalten.

Du willst mir doch nicht weismachen, dass die Menschen die Philosophie brauchen, um zu leben? Es gibt unzählige Menschen, die leben, ohne die geringste Ahnung zu haben, was die Philosophen denken. Und das hindert sie nicht daran zu leben.

Einen Augenblick! Wenn du damit sagen willst, dass man essen, schlafen, wachsen kann, ohne die Wahrheit in den Ideen zu suchen, hast du natürlich Recht. Man kann nicht leben, ohne zu trinken, ohne zu essen, ohne zu schlafen, aber man kann seinen Organismus sehr gut am Leben erhalten, ohne wirklich nachzudenken. Das ist nicht die Frage. Es geht darum, wie man *besser* lebt. Menschlicher, intelligenter, intensiver. Dann geht es nicht ohne die Arbeit mit Ideen.
Ich spreche von der Arbeit *mit* Ideen, denn Ideen hat man immer. Sie sind schon vor der Philosophie da. Die werden nämlich nicht von ihr erzeugt. Die Philosophie prüft die Ideen nur, experimentiert mit ihnen, untersucht sie, um festzustellen, welche wahr und welche falsch sind.

Ich begreife nicht, warum das unentbehrlich für das Leben sein sollte!

Dann hör dir mal die folgende Geschichte an. Es ist eine sehr alte Geschichte, die ein Philosoph namens Sokrates vor langer Zeit erzählte. Und zwar hat er sich die Kinder als Beispiel genommen: Wenn Kinder sich ihr Essen selbst aussuchen dürfen und den

Konditor oder Zuckerbäcker sehen, haben sie die Idee, dass Kuchen und Süßigkeiten gut für sie sind. Doch in Wirklichkeit laufen sie beim Verzehr dieser Zuckerwaren Gefahr, sich die Zähne zu ruinieren, dick zu werden und eines Tages sogar unter Fettsucht zu leiden. Diese Kinder könnten krank werden, weil sie sich eine falsche Idee vom »Guten« machen. Sie verwechseln das, was gut im Geschmack ist, mit dem, was gut für ihre Gesundheit ist.
Wenn sie stattdessen zum Arzt gehen, sagt er ihnen die Wahrheit: »Gut für euch, für eure Gesundheit, für eure richtige Entwicklung ist eine abwechslungsreiche Kost aus Milch, Obst, Fisch, Gemüse und ... ganz wenig (oder gar keinem) Kuchen und ganz wenigen (oder gar keinen) Süßigkeiten.« Was werden die Kinder von einem solchen Arzt denken?

Sie werden denken, dass er sich irrt und dass sie besser wissen, was gut für sie ist.

Ja, sie werden sogar sagen, dass dieser Mann gemein ist, dass er ihnen schaden will und dass er versucht, sie am Glücklichsein zu hindern. Oder dass er keine Ahnung hat, was gut für sie ist. Oder auch, dass er sich irrt und die Wahrheit nicht kennt.
Eins von alldem. Und dann wiegen sich die Kinder weiterhin in der, natürlich sehr angenehmen, Illu-

sion, dass es am besten für sie ist, von Süßigkeiten und Kuchen zu leben, und diese Idee kann bewirken, dass sie an einer Stoffwechselstörung erkranken. Oder aber sie entdecken, dass der Arzt die Wahrheit sagt, selbst wenn ihnen diese Wahrheit missfällt, und diese neue Idee hilft ihnen, bei guter Gesundheit zu bleiben.
Wie du siehst, können Ideen dich krank machen oder für dein Wohlbefinden sorgen! Begreifst du jetzt, dass sie wichtig zum Leben sind?

Bestimmt hast du die Geschichte erfunden, weil sie dir in den Kram passt und dein Argument unterstützt.

Ich habe gar nichts erfunden. Die Geschichte von den Kindern, die den Zuckerbäcker dem Arzt vorziehen, stammt, ich sage es noch einmal, von Sokrates, einem der ersten Philosophen, und er hat sie in Athen vor 2500 Jahren erzählt. Doch ich sehe, dass du das Beispiel für einen Sonderfall hältst und immer noch nicht überzeugt bist, dass Ideen wichtig für das Leben sind. Gut, dann wollen wir die Situation aus einem anderen Blickwinkel betrachten. Hat die Idee, die man sich von der Gerechtigkeit macht, Bedeutung für die Art und Weise, wie man lebt?

Aber natürlich!

Und spielen die Ideen, die wir uns etwa von der Freiheit, dem Tod, der Gleichheit und dem Glück machen, eine Rolle im Dasein?

Gut, einverstanden, ich verstehe. Es gibt Ideen, die unser Dasein bestimmen.

Dann verstehst du auch, warum es so wichtig ist für unser Leben, dass wir wissen, welche Ideen wahr und welche falsch sind. Stell dir jemanden vor, der eine falsche Idee vom Glück oder von der Freiheit hat. Er möchte glücklich und frei sein, aber er wählt den falschen Weg, verirrt sich und müht sich nach Kräften … umsonst! Er hält seine Idee für richtig, aber wenn sie falsch ist, wird er wahrscheinlich scheitern und sein Leben vergeuden.

Aber wenn es eine falsche Idee ist, warum glaubt er dann, dass sie richtig sei?

Gute Frage! Die Antwort ist ganz einfach: Man hält eine falsche Idee für wahr, solange man sie nicht untersucht und gründlich von Nahem betrachtet hat. Das passiert uns ständig. Es ist die häufigste und banalste Situation, die es gibt. Ich glaube, dass etwas wahr ist, weil ich das immer gehört habe. Schon als kleines Kind habe ich es gelernt, und seither hat man es mir von allen Seiten immer wie-

der versichert. Fast alle Ideen, die wir haben, sind uns von außen zugetragen worden. Sie sind in unser Denken gelangt, ohne dass wir genau wissen, wie das geschehen ist. Sie stammen aus unserer Familie, unserer Umgebung, unserem Freundeskreis. Im Allgemeinen entwickeln wir unsere Ideen nicht selbst! So wenig wie wir die Wörter erfunden haben, mit denen wir sprechen.
Meist haben sich die Ideen in uns eingenistet, sie sind »unsere« Ideen geworden, ohne dass wir sie uns tatsächlich ausgesucht hätten. Kaum jemals haben wir »Ja« oder »Nein« gesagt. Und wir haben nie wirklich herauszufinden versucht, ob sie wahr oder falsch sind.

Wir könnten also einen Haufen falscher Ideen im Kopf haben, ohne es zu wissen?

Natürlich! Noch schlimmer: einen Haufen falscher Vorstellungen, von denen wir meinen, wir hätten sie im Vollbesitz unserer geistigen Kräfte für wahr befunden.

Und wie sieht die Lösung aus? Wie werden wir gesund?

Nun, man wird nicht gesund, aber man philosophiert! Das ist sicherlich die einzige Möglichkeit, das beschriebene Ergebnis zu erzielen: Wir testen

unsere Ideen, prüfen sie, um die wahren von den falschen zu unterscheiden.
Du siehst, ganz nebenbei haben wir ein neues Ergebnis erhalten: Die Philosophie ist auch eine *kritische* Tätigkeit. Sie begnügt sich nicht damit, die Wahrheit im Reich der Ideen zu suchen. Um dieses Ziel zu erreichen, geht es vor allem auch darum, die falschen Ideen zu entlarven. Diese müssen herausgefiltert werden, damit sie keinen weiteren Schaden anrichten können.
Oder anders gesagt: Wir haben alle unsere Ideen. Wir haben unsere Meinungen, unsere Ansichten, unsere Überzeugungen, und das auf den verschiedensten Gebieten: Politik, Religion, Moral, Gerechtigkeit, Kunst ... Bei dieser Gesamtheit von Meinungen und Überzeugungen, die jeder von uns besitzt, handelt es sich noch nicht um Philosophie. Die Philosophie beginnt als reflektierende Tätigkeit erst in dem Augenblick, wo ich mich frage: »Welche der Gedanken, die ich im Kopf habe, sind wahr? Das möchte ich wissen, und dazu werde ich sie untersuchen!« Philosophieren heißt nicht einfach, zu denken oder Ideen zu haben. Es heißt vor allem, die eigenen Ideen zu beobachten, ein bisschen so, als würde man sie von außen betrachten, als wollte man in seinem Kopf Ordnung schaffen.
Das ist eine besondere Tätigkeit. Um es noch einmal zu sagen, sie besteht nicht nur darin, dass man denkt. Wir können auf ganz verschiedene Arten

denken. Wir können an das denken, was wir morgen tun wollen, was wir gestern getan haben, wir können an Freunde denken, an den Urlaub, an das Studium, die Arbeit … Alle diese Gedanken sind keine Philosophie!

Also besteht die Philosophie aus besonderen Gedanken.

Vollkommen richtig! Und ich möchte hinzufügen, dass sie nicht besonders sind aufgrund ihres Inhalts, sondern aufgrund ihres Stils.

Was willst du damit sagen?

Dass das, was diese Gedanken »besonders« macht, nicht das Thema ist, auf das sie sich beziehen (etwa die Freiheit, die Gerechtigkeit, der Tod, Gott etc.). Ich kann mir zu allen diesen Themen Gedanken machen, die nicht unbedingt Philosophie sind. Wenn ich vom Stil philosophischer Gedanken spreche, von ihrer »Wesensart«, wenn du so willst, dann meine ich damit das Überprüfen und Hinterfragen. Immer wieder frage ich, ob ein Gedanke wahr oder falsch ist oder, noch früher angesetzt, worum es wirklich geht. Das macht das philosophische Denken so besonders.

Kannst du ein Beispiel nennen?

Gern. Weißt du, was eine Zahl ist?

Natürlich. Ich weiß, dass es ganze Zahlen gibt, Dezimalzahlen …

Gewiss, aber was ist eine Zahl?

Nun ja … eine Zahl eben!

Bravo! Damit sind wir schon ein Stück weiter. Sag mir, was das ist, da du es ja so genau weißt.

Das ist eine Ziffer.

Aber nein! Die Ziffern (von 0 bis 9) dienen zur schriftlichen Darstellung der Zahlen, sind aber ganz andere Realitäten: Es gibt nur zehn Ziffern, aber unendlich viel Zahlen. Außerdem kannst du eine Zahl, sagen wir, die Drei, durch eine arabische Ziffer (3) oder eine römische (III) wiedergeben. Folglich sind Zahl und Ziffer nicht das Gleiche. Also noch einmal: Was ist eine Zahl?

Ein Werkzeug zum Zählen.

Wie ein Rechenbrett? Ein Taschenrechner? Die Finger?

Das ist einfach! Eine Zahl ist in der Wirklichkeit zu erkennen. Dort sind zwei Schuhe, hier drei Kerzen. Wenn ich sie betrachte, bergreife ich, was das ist. Und ich sage »zwei«, »drei« und so fort.

Und wie kannst du zählen, wenn du keine Zahl hast? Überleg einmal. Du hast die Idee der Zahl drei nicht, weil du diese Kerzen siehst. Nur weil du die Zahl schon im Kopf hast, kannst du wissen, dass es drei Kerzen und nicht vier oder fünf sind.

Das stimmt, das ist ja blöd. Du hast Recht, ich kann nicht erklären, was eine Zahl ist! Aber warum hast du mir eigentlich diese Frage gestellt?

Um dir den besonderen Stil philosophischer Fragen vor Augen zu führen. Auf den ersten Blick glaubt man, die Zahl sei ausschließlich eine Angelegenheit der Mathematiker, und vor allem ist man, wie du es warst, davon überzeugt, genau zu wissen, worum es sich handelt. Doch sobald man genauer hinsieht, kennt man sich nicht mehr aus und merkt, dass man nichts weiß. Was so klar erschien, ist nun plötzlich verschwommen und unklar. Man glaubte zu wissen, und weiß gar nichts mehr. Das ist in der Tat ärgerlich.
Die Art, wie Philosophen fragen, ruft häufig einen solchen Ärger hervor. Sokrates wurde als Erster berühmt durch die Gewohnheit, die Menschen auf

diese Weise zu verblüffen. Er schlenderte zu Füßen des Parthenons durch die Straßen des griechischen Stadtstaates Athen, begann mit den Leuten zu diskutieren und bewies ihnen, dass sie in Wirklichkeit nicht wussten, was sie zu wissen meinten.
Einmal zum Beispiel befragt Sokrates einen alten Soldaten, einen General, der oft im Felde war und den Krieg kennt. Dieser Soldat glaubt zu wissen, was Mut ist. Und er erklärt es ihm. Mut, sagt er, das heiße, keine Furcht zu haben. Sokrates fragt ihn, ob einer, der schreckliche Angst hat, aber trotzdem kämpft, indem er seine Furcht überwindet, letzten Endes nicht mutiger sei als einer, der überhaupt keine Furcht empfinde. Der General stimmt ihm zu. Folglich war seine Idee des Mutes nicht richtig. Wie du dir vorstellen kannst, ist dieser Soldat am Ende wütend, weil Sokrates ihm bewiesen hat, dass er sich in einem Punkt geirrt hatte, von dem er zu Recht meinte, ihn am besten zu kennen!
Beispiele dieser Art gibt es zuhauf in den Dialogen des Platon, der Sokrates lange zuhörte und dessen besondere Art, ärgerliche Fragen zu stellen, in seinen Schriften inszenierte. Was Schönheit sei, fragt Sokrates einen etwas eingebildeten Gelehrten, der behauptet, viele Dinge zu wissen und auf Fragen aller Art antworten zu können. Als dieser die Frage des Sokrates hört, bricht er in Gelächter aus: Das sei doch wahrlich zu leicht! Die Antwort sei ein

Kinderspiel, die er im Schlafe geben könne, Sokrates mache sich mit seinen lächerlich einfachen Fragen über die Menschen lustig ... Die denkbar einfache Antwort: Eine Goldvase sei Schönheit. Daraufhin muss Sokrates dem Gelehrten erklären, dass dieser seine Frage offenbar nicht verstanden hat. Er habe ihn nicht aufgefordert, ihm ein Beispiel für einen schönen Gegenstand zu nennen, sondern ihm zu sagen, was es heiße, »schön zu sein«, worin es bestehe, wie es sich erkläre. Zunächst begreift der andere immer noch nicht, worum es geht und inwiefern er sich getäuscht hat. Weiterhin auf dem Holzweg, erklärt er, Schönheit, das sei ein Rennpferd oder ein junges Mädchen. Sokrates fragt ihn erneut nach der Schönheit, das heißt, nach dem Aspekt, der es ermöglicht, alle diese Beispiele (eine Vase, ein Pferd, ein junges Mädchen) als »schön« zu beurteilen, also ...

Also nach der Idee der Schönheit?

Genau! Und als der eitle Herr Allwissend endlich begreift, worauf die Frage eigentlich abzielt, ist er ziemlich verlegen! Er begreift, dass er unfähig ist, Schönheit zu definieren. Wie alle Welt glaubte er zu wissen, was es mit ihr auf sich hat, und muss nun entdecken, dass er nichts weiß. Wie du eben bei der Zahl ...

Und gibt es viele Dinge wie diese, die man zu kennen glaubt, von denen man aber in Wirklichkeit nichts weiß?

Eine Menge! Der berühmte Philosoph Augustinus sagte: »Was also ist ›Zeit‹? Wenn mich niemand danach fragt, weiß ich es; will ich es einem Fragenden erklären, weiß ich es nicht.« Denk einmal über dieses Beispiel nach. Es gibt viele Dinge, mit denen es sich ähnlich verhält. Wie bei der Zeit glauben wir, genau zu wissen, worum es sich handelt, bis wir aufgefordert werden, es klar und genau zu erklären. Sobald wir exakt darüber sprechen sollen, sind wir in *Verlegenheit*. Die Philosophie ist die Tätigkeit, die den Versuch unternimmt, uns aus dieser Verlegenheit zu befreien.

Gelingt das?

Ja, oft. Glücklicherweise bleiben nicht alle Fragen ohne Antwort! Es gibt auch in der Philosophie Probleme, die sich lösen lassen. Natürlich nicht immer, weil es vorkommt, dass wir auf neue Fragen stoßen, die unsere Verlegenheit noch vergrößern. Aber das ist nicht schlimm. Ganz im Gegenteil, das ist sogar eher von Vorteil.

Was uns in Verlegenheit bringt, kann nicht gut sein!

Im Grunde genommen doch. Wir müssen einfach damit anfangen, uns über den Begriff »Verlegenheit« zu verständigen. Im alltäglichen Leben sind uns Dinge lieber, die uns nicht in Verlegenheit bringen oder nicht zu viele Umstände machen. Wir entfernen Dinge, die zu viel Platz einnehmen (Verpackungsmaterial, große Koffer), die uns physisch einengen und behindern. Das Gleiche gilt für den Geist: In der Regel versuchen wir die Sorgen zu vertreiben, die uns zu lähmen drohen, die in unserem Kopf zu viel Platz einnehmen und uns in Verlegenheit bringen könnten.

Wenn wir jedoch verstehen wollen, warum Philosophen Fragen lieben, die uns in Verlegenheit bringen, müssen wir umdenken. In der Philosophie ist die Verlegenheit etwas, was uns erstaunt und voranbringt. Wenn ich dich frage, was ein Zahl ist, bist du im doppelten Sinne verlegen: Du bist um eine Antwort verlegen, und du bist verlegen, weil die Frage doch so leicht erscheint. Das gleiche Empfinden hat der Mann, den Sokrates auffordert, Mut oder Schönheit zu definieren. Auch Augustinus verspürt diese Verwirrung, als man ihn fragt, was Zeit ist.

Ich glaube, dass die Philosophie aus dieser Art von Verwirrung entsteht, aus dieser besonderen Form von Unbehagen. Sie ist der Ausgangspunkt des Philosophierens. Das Gefühl gleicht übrigens dem Staunen. Wir sagen uns: »Wie? Ich weiß nicht ge-

nau, was eine Zahl ist (oder Mut oder Schönheit)? Dann muss ich nach der Bedeutung suchen!«
Stets beginnt die Philosophie mit dieser Entdeckung unserer *Unwissenheit*. Wir wissen keine Antwort, obwohl wir dachten, die Antwort zu kennen und sie ohne Mühe formulieren zu können.

Das Gefühl, etwas nicht mehr zu wissen, verunsichert uns.

Ja, das ist unangenehm. Es ist sehr viel beruhigender, fertige Antworten parat zu haben. Die Entdeckung unserer Unwissenheit ist jedes Mal ein Schock. Es scheint, als würde uns der Teppich unter den Füßen wegrutschen: Wir verlieren das Gleichgewicht, haben nichts mehr, woran wir uns festhalten könnten. So gesehen, ist die Philosophie immer »unruhig« – im ursprünglichen Sinne des Wortes, das heißt nicht ruhend, nicht in Ruhe. Wir können uns nicht auf unsere Gewissheiten verlassen. Du hast völlig Recht, das ist unangenehm. Es ist im Übrigen auch der Grund, warum wir die Philosophen oftmals nicht besonders mögen: Sie reißen uns aus unserem Schlaf, sie wecken uns auf. Ihretwegen müssen wir uns auf den Weg machen.

Um wohin zu gehen?

Rate mal!

Um die Wahrheit zu suchen?

Natürlich! Und das ist eine Reise, die lang, schwierig und anstrengend sein kann und die ein höchst ungewisses Ende hat. Und doch, seit sich die Philosophie erstmals in der Menschheitsgeschichte zeigte, gab es immer wieder Menschen, die bereit waren, alles zu opfern, um sich auf dieses Abenteuer einzulassen.

Warum tun sie das? Warum suchen sie alle die Wahrheit?

Um sie zu entdecken, ganz einfach! Irgendetwas weckt in den Menschen dieses Verlangen nach Wahrheit. Uns braucht hier nicht zu interessieren, woher es kommt oder wie es funktioniert. Diese Fragen würden zu weit führen. Aber wir wollen uns die Bedeutung dieses »Etwas«, welches das Verlangen nach Wahrheit weckt, vor Augen führen. Man nennt es auch Wissensdurst. Oder andersherum: Niemand hat den Wunsch, etwas Falsches zu wissen. Wenn man wissen möchte, möchte man wissen, was wahr ist.

Das gilt nicht nur für Philosophen, sondern auch für die Jugend, für Eltern …

Richtig. Und für wen noch?

Die Wissenschaftler zum Beispiel, wie wir schon zu Anfang gesagt haben.

Genau. Allerdings gibt es keinen großen Unterschied zwischen Philosophen und Wissenschaftlern.

Wieso? Das ist doch nicht dasselbe!

Heute sind die beiden Bereiche in der Tat sehr verschieden. Aber diese Trennung zwischen Philosophie und Wissenschaft ist relativ jungen Datums. Jahrhundertelang beschäftigten sich die Philosophen mit den Naturwissenschaften, der Mathematik, der Physik, während sie sich gleichzeitig Gedanken über Fragen der Moral oder der Politik machten.
Es gibt nur einen einzigen Wissensdurst, einen einzigen Drang, alles zu wissen, oder zumindest alles zu wissen, was sich verstehen und erkennen lässt. Auf allen Gebieten. Das war der Grund, warum die Philosophen der Antike, des Mittelalters und auch noch des 17. und 18. Jahrhunderts auf allen Gebieten nach der Wahrheit suchten, nach den Ursachen der Gezeiten ebenso wie nach der besten Regierungsform. Nichts hinderte sie daran, gleichzeitig nach dem Guten, der Gerechtigkeit, dem Glück

oder der Freundschaft zu fragen. Sie interessierten sich für die menschliche Seele nicht weniger als für den Verdauungsapparat der Fische.
Der Traum der Philosophie war es nämlich, alles zu erkennen und die Gesamtheit des Wissens zu erfassen. Hinter diesem Traum stand die Idee, dass sich die Wahrheit nicht in eine Vielzahl unabhängiger Sektoren unterteilen lässt: hier die Biologie, dort die Politik und wieder woanders die Moral.

Aber wie konnte man alle diese Forschungsbereiche zusammenfassen?

Für uns ist es heute nicht leicht, uns die Situation vor der Aufgliederung des Wissens in mehrere verschiedene Gebiete vorzustellen. Und trotzdem hatte dieser Entwurf von der Einheit des Wissens lange Zeit Bestand und großen Einfluss. Er hat vor allem auch die Geschichte der Philosophie nachhaltig geprägt. Deshalb sollten wir noch zwei Minuten darauf verwenden, wenn es dir Recht ist …

Einverstanden, aber nicht zu lange, ich werde allmählich müde.

Ein einziges Wort: *sophos*. Das ist griechisch und bedeutet zugleich »gelehrt« und »weise«. Für die alten Griechen unterschieden sich die beiden Be-

deutungen nicht: Gelehrt zu sein, das hieß auch, sich im Leben richtig zu verhalten. Und weise sein konnte nur der, der auch Wissen erwarb.
Stell dir als Gegenbeispiel die Figur des »verrückten Wissenschaftlers« vor: jemand, der über eine beträchtliche Gelehrsamkeit verfügt, aber gleichzeitig nach höchster Macht strebt.

Ach ja, ich drücke auf diesen Knopf und bin der Herr der Welt! Oder wie meinst du das?

Genau. Diese Figur ist für einen Griechen des Altertums undenkbar. Wenn der Mann ein Gelehrter ist, ist er weise genug, um nicht von der Weltherrschaft zu träumen. Wenn er die Welt beherrschen will, ist er kein echter Gelehrter. Die Griechen waren fest davon überzeugt, dass das Wissen um die Wahrheit auch das Wissen um das Gute einschließt. Zu wissen, das hieß für sie nicht nur, Kenntnisse zu erwerben, sondern auch sich zu verändern, besser zu werden.

Was hat das mit uns zu tun?

Zumindest das eine: Das Adjektiv *sophos*, »weisegelehrt«, findest du in *philosophos*, »Philosoph«, wieder. *Philo*, auch ein altgriechisches Wort, bedeutet »lieben«, »Freundschaft«, »wünschen«. Der Philosoph ist der, der wünscht, *sophos* zu werden, der der Freund der *sophia* ist, das heißt, des Wissens und der Weisheit.

Wir werden sehen, wie sich diese Doppelbedeutung (Wissen und Weisheit, ausgedrückt in einem einzigen Wort: *sophia*) im Laufe der Geschichte aufteilt und trennt. Einige werden die Philosophie als Liebe zur Weisheit begreifen, andere als Suche nach Wissen. Doch halten wir hier einen Augenblick inne. Wir sind mit diesem Anfang schon ein gutes Stück vorangekommen. Zeit für eine kleine Verschnaufpause.

2
Weise sein oder gelehrt sein

Du hast von Sokrates und den alten Griechen gesprochen. Man hat immer den Eindruck, dass die eine besondere Rolle in der Philosophie spielen. Warum?

Dafür gibt es verschiedene Gründe. Zunächst einmal haben sie uns sehr bedeutende philosophische Werke hinterlassen. Vielleicht hast du schon einmal die Namen Platon und Aristoteles gehört – Philosophen von überragender Bedeutung. Ihre Werke, deren jedes ein ganzes Bücherregal füllt, wurden zu Vorbildern für die europäischen Philosophen. Auch von den arabischen und jüdischen Philosophen sind sie studiert und kommentiert worden, besonders im Mittelalter. Natürlich hat man die Texte des Platon und des Aristoteles, aber auch anderer antiker Autoren in den verschiedenen Epochen unterschiedlich aufgefasst, aber man hat nie aufgehört, sie zu lesen und zu erörtern. Diese Philosophen haben einen enormen Einfluss auf das Denken ausgeübt.

Aber warum? Was ist so Besonderes an ihnen? Was hatten sie für Ideen?

Man könnte sagen, dass sie die Spielregeln erfunden haben. Ihnen verdanken wir die Art und Weise, Fragen zu stellen, die der Philosophie eigen ist. Sie haben nicht alle Partien vorhergesehen, die man spielen kann, aber sie haben, wie gesagt, die Regeln erfunden. So gesehen, kann man behaupten, dass wir, wenn wir philosophieren, ein griechisches Spiel spielen. Was wir bisher herausgefunden haben – den Willen, wahre Ideen zu suchen, die besondere Weise, unsere Redeweise zu kontrollieren –, das sind Dinge, die zuerst von den alten Griechen praktiziert wurden.

Und wie sind sie darauf gekommen?

Das ist eine schwierige Frage. Tatsächlich weiß niemand eine zuverlässige Antwort darauf. Offenbar ist es im 6. Jahrhundert vor Christus zu einer Art Glaubenskrise gekommen. Man verlor das Vertrauen in die Überlieferungen und Mythen und wollte stattdessen verstehen. Die Bereitschaft war da, sich des Verstandes und der Logik zu bedienen, um herauszufinden, wie die Welt organisiert ist, nach welchen Regeln man sein Leben einrichten soll und durch welche Gesetze man Gerechtigkeit schaffen kann. Mit anderen Worten, man begann in Zweifel zu ziehen, was die Weisen sagten.

Die Philosophen sind keine Weisen?

Nicht wirklich. Oder vielmehr, nicht ganz. Es heißt, Pythagoras habe das Wort »Philosoph« erfunden, und zwar eben weil er diesen Unterschied zum Ausdruck bringen wollte. Die *Weisen* sind … weise! Sie besitzen Weisheit. Die Philosophen dagegen suchen sie. Sie sind nicht im Besitz der Weisheit, sondern bemüht, sie zu finden. Sie verlangen nach ihr und bemühen sich nach Kräften, sie zu erkennen. Durch Denken und Logik versuchen sie, das richtige Ziel, die richtige Methode zu finden. Weisheit ist für sie kein verborgener Schatz, sondern etwas, was man schaffen und beweisen kann. Sie ist keine Angelegenheit des Mythos und des Glaubens, sondern eine logische und rationale Aufgabe.

Und diese Veränderung verdanken wir einzig und allein den Griechen?

Das ist wieder eine schwierige Frage, die reichlich Diskussionsstoff liefert. Früher wurde meist behauptet, dass die Griechen – als große Ausnahme – die einzigen gewesen seien, die Philosophie betrieben hätten. Man sprach sogar vom »griechischen Wunder«!

Diese Überzeugung war lange Zeit vorherrschend, und auch heute noch denken viele Menschen so. Ich bin jedoch zu dem Schluss gelangt, dass das so nicht stimmt. Nach meiner Ansicht gab es auch in anderen Kulturen Philosophie und Philosophen, in Indien, in China, in der jüdischen und in der arabischen Kultur. Die Griechen sind bewundernswert, aber nicht einzigartig.

Um das zu erkennen, müssen wir uns nur einen äußerst erstaunlichen Abschnitt der Menschheitsgeschichte vor Augen führen: das 6. Jahrhundert vor Christus. In Griechenland gab es, wie erwähnt, Pythagoras, Thales und andere. Mit ihnen entstanden Philosophie und *Wissenschaft*, die Bedingungen der Vernunft und des logischen Beweises.

In Indien entstand jedoch zur gleichen Zeit und ohne Berührung zwischen den Kulturen eine nicht weniger außerordentliche Bewegung: ein intensives Nachdenken über die Stellung des Menschen im Kosmos und das Wesen der Dinge, über das Schicksal und über die Mittel, einen Zustand innerer Ruhe zu erreichen. Etwas später entwickelte sich in Indien mit der Lehre Buddhas eine Denkweise, die in vielerlei Hinsicht große Ähnlichkeit mit der Philosophie hat.

Wiederum in derselben Epoche und ohne Berührung mit den beschriebenen Entwicklungen entfaltete sich auch in China eine Form jenes neuen Denkens, welches für dieses 6. Jahrhundert vor

Christus so charakteristisch ist. Mit dem großen Denker Laotse und seinem Buch *Tao Te King* (*Buch vom Weg und der Tugend*) beginnt eine lange Denkschule, die ebenfalls rationale Analyse und Weisheitssuche miteinander verbindet. Am bedeutsamsten ist jedoch, dass man dieses Buch genauso wie die Worte Buddhas und die Werke der frühesten Griechen noch immer studiert.

Wie kommt es, dass diese alten Gedanken heute noch aktuell sind?

Sicherlich, weil sie nichts mit der unmittelbaren Aktualität zu tun haben. Ihre Gedanken betreffen unsere Haltung dem Dasein gegenüber. Sie beschäftigen sich mit unserer Beziehung zum Verlangen, dem Tod, zu uns selbst und anderen. Bei diesen existenziellen Fragen spielt die Art der Gesellschaft, in der wir leben, zwar auch eine Rolle, aber keine entscheidende. Zwischen diesen Denkern und uns, die wir in einer ganz anderen Welt leben, sind letztlich die Gemeinsamkeiten größer als die Unterschiede. Die griechische Gesellschaft in der Antike hat kaum noch Berührungspunkte mit der unseren. Trotzdem fühlen wir uns von den Gedanken dieser Philosophen unmittelbar angesprochen. Sie bleiben uns nah, obwohl sie uns zeitlich fern sind.
Gleiches lässt sich vom alten Indien sagen, vom tra-

ditionellen China, vom biblischen Jerusalem oder von den großen Zentren des arabischen Denkens. So gut wie alles, was diese Texte einst umgab, ist heute verschwunden. Die Häuser, die Menschen, ihre Art, sich zu kleiden, zu essen, sich fortzubewegen, die Dinge, mit denen sie im Alltag hantierten – all das gibt es nicht mehr. Wir befinden uns in einer Welt, die sich in jeder Hinsicht total gewandelt hat. Und trotzdem sind wir noch immer in der Lage, diese uralten Gedanken zu verstehen und zu erörtern.

Die anderen sind aber nicht mehr da, um zu antworten.

Gewiss, aber im Laufe der Jahrhunderte haben die Menschen nie aufgehört, mit ihnen zu diskutieren. Die Philosophen antworten sich über lange Zeiträume hinweg. Mit Hilfe ihrer Bücher führen sie Dialoge über ihr Grab hinaus. Das ist eine ganz besondere Situation. In der Naturwissenschaft beschäftigt sich niemand mit alten Theorien. In der Physik, der Biologie und all den anderen Disziplinen ersetzt die Entwicklung des Wissens alte Ideen durch neue Erkenntnisse. Historiker können das Wissen von einst studieren und rekonstruieren. Doch die Wissenschaftler interessieren sich nicht für die Theorien früherer Jahrhunderte. Aus Sicht des aktuellen Forschungsstandes sind sie überholt und ohne Belang.

In der Philosophie dagegen gibt es keinen echten Fortschritt. Jedenfalls nicht im gleichen Sinne. Es gibt Perspektiven, die sich ändern, neue Sichtweisen, doch die verdrängen nicht zwangsläufig die alten. In der Philosophie ist die Beziehung zur Vergangenheit eine ganz andere als in der Naturwissenschaft. Darin ähnelt sie eher der Literatur (wir lesen noch immer Homer und seine *Odyssee*) oder der bildenden Kunst (auch heute noch stehen wir bewundernd vor jahrhundertealten Plastiken und Fresken). Und doch gibt es einen Unterschied: In der Philosophie begnügen wir uns nicht damit, die Ideen zu bewundern, sondern nehmen sie wieder auf, diskutieren, bekämpfen und verändern sie.

Aber es muss doch einiges passiert sein seit der Antike! Bisher hast du mir nur erzählt, was sich vor ich weiß nicht wie vielen Jahrhunderten vor Christus ereignet hat.

Du meinst fünf Jahrhunderte vor der Zeitenwende. Natürlich hat es in jeder Epoche Philosophen gegeben. Das gilt auch für die heutige. Nur ist die Antike eben besonders wichtig, weil man zu allen Zeiten auf sie zurückgegriffen hat; aber wir können sie auch verlassen. Schauen wir uns also die wichtigsten Etappen in der langen Geschichte der Philosophie an. Natürlich können wir sie nicht erschöpfend behandeln. Stell dir vor, 25 Jahrhunderte, Hunderte und Aberhunderte von Philosophen, Tausende von Büchern. Dazu würden wir Jahre brauchen, und es wäre sehr mühsam. Daher schlage ich zunächst einmal vor, dass wir eine grobe Einteilung vornehmen, in der die gesamte Geschichte der westlichen Philosophie in nur zwei Abschnitte unterteilt wird. Im ersten ist man bestrebt, weise zu werden. Im Großen und Ganzen handelt es sich um die Antike. Im zweiten geht es darum, gelehrt zu werden. Das ist, immer noch sehr pauschal betrachtet, die Moderne.

Was heißt das, weise zu werden?

Am einfachsten wäre die Feststellung, dass der Weise wahre Ideen gefunden hat, die ihm in seinem Leben als Orientierung dienen, und dass es ihm gelungen ist, diese in sein Dasein zu integrieren.
Halten wir den ersten Punkt fest: Die Suche nach Weisheit ist eine Selbstverwandlung. Das ist ein ganz wichtiger Punkt, um die antiken Philosophen zu verstehen. Es geht ihnen darum, sich zu verändern. Sie erfinden Übungen zu diesem Zweck. Sie trainieren. So gesehen, heißt, Philosoph zu werden, nicht, Lehrer zu sein, Vorlesungen zu halten oder Bücher zu schreiben. Die antiken Philosophen wollten ihr Leben verändern, eine andere Haltung gegenüber dem Dasein gewinnen.

Haben diese Philosophen keine Bücher geschrieben?

Nicht alle. Und für diejenigen, die es taten, diente das Schreiben lediglich dazu, den Weg zur Weisheit besser zu erkennen. Quasi als Übung, die sie lehrte, weise zu werden.

Und warum wollten sie weise sein?

Ganz einfach, um glücklich zu sein! Und zwar endgültig. Der Weise verwandelt sich, so dass er gefeit ist gegen Unglück, Angst, Sorge, Enttäuschung, Eifersucht, Erwartungen und Kummer aller Art. Er ist immer heiter und ruhig und jeden Augenblick in der Lage, das Leben ohne Furcht zu verlassen, so wie man den Tisch verlässt.

Das kann kein Mensch!

Auch das wussten die alten Philosophen. Es hieß, dass noch kein Mensch jemals weise gewesen sei. Die Figur des Weisen war ein Ideal. Ein Ziel. Und auch wenn man es nicht erreichte, konnte man versuchen, ihm näher zu kommen, in seine Richtung zu gehen.

Wie?

Die Lebensweisen und vor allem die Begriffe unterschieden sich von einer Schule zur anderen. Für die einen war der Weg zum Glück die Vertiefung ins geistige Leben und der Erkenntnisgewinn. Platon erklärt beispielsweise, dass unsere Seele den wahren Ideen verwandt sei. Der geistige Teil unseres Wesens sei dazu bestimmt, die Wahrheit anzuschauen, worin auch das höchste Glück des Menschen bestehe, das Beste, was er aus seinem Leben machen könne. Bei Aristoteles, der Platons Schüler war, bevor er ihm in vielen Punkten widersprach, finden wir eine ganz ähnliche Vorstellung. Auch für ihn ist der Mensch zum Erkennen geboren. Er trägt das Verlangen nach Wissen in sich und die Erkenntnis bedeutet ihm das größte Glück.

Nicht sehr verlockend als Lebensinhalt!

Ich kann verstehen, dass du so denkst. Trotzdem interessiert uns hier nicht in erster Linie die Antwort, die Platon, Aristoteles oder andere geben. Entscheidend ist die Frage, die sie beschäftigt, auch wenn sie sie unterschiedlich beantworten: Wie soll der Mensch leben, um so gut wie möglich zu leben, um den Zustand zu erreichen, der seinem Wesen am ehesten entspricht, und um die Fähigkeiten auszubilden, die wiederum seiner Existenz am besten entsprechen?
Wie du siehst, ist es die gleiche Frage wie die nach

dem Glück. Tatsächlich ist ein »geglücktes« menschliches Leben – eines, dem es gelungen ist, all das zu verwirklichen, was der Mensch sich wünschen kann – ein glückliches Leben.

Und wie lauten die anderen Antworten?

Die Lust, zum Beispiel.

Das hört sich schon besser an!

Ja, zum Beispiel die Lust am Studieren, die Lust an der Betätigung des Verstandes, am Entdecken, am Verstehen. Die Philosophie hat diesen Aspekt durchaus nicht vernachlässigt. Doch als die Hauptquelle der Lust, die glücklich macht, wurde schnell der Körper, die Sexualität, das Essen gefunden. Nach Ansicht von Epikur kann der Mensch glücklich werden, indem er sich mittels der Philosophie von dem befreit, was ihn unnötig beunruhigt und verstört. Seine Philosophie präsentiert sich als medizinische Behandlung, als Kur, die vom Leiden am Leben heilt. Die meisten philosophischen Schulen der Antike empfehlen auf ihrer Reise zur Weisheit eine Art philosophischer »Arznei«.
Die *epikureische* Schule empfiehlt ein Mittel aus vier Bestandteilen. Erstens: die Götter nicht mehr zu fürchten. Zweitens: den Tod nicht mehr zu fürchten. Drittens: die eigenen Wünsche zu kontrollie-

ren, das heißt, zum Beispiel nichts Nutzloses oder Unerreichbares zu verlangen. Viertens: den Schmerz zu ertragen. Wenn es dem Menschen gelingt, diese vier Punkte in sein alltägliches Dasein einzugliedern, führt er ein friedliches Leben, sagt Epikur. Ein Leben ohne Unruhe und ohne Unglück. Ein glückliches Dasein, vorausgesetzt natürlich, wir sind der Meinung, dass uns Ruhe und Entspannung glücklich machen.

Glaubst du das nicht?

Jedenfalls kann man das auch anders sehen. Manche Philosophen beispielsweise haben die ruhige und behäbige Lust der Epikureer verachtet, da sie die »bewegte« Lust für überlegen hielten.

Was soll das heißen? Die Lust des Körpers?

Hier prallen zwei Lustbegriffe aufeinander. Für die Epikureer bedeutet Lust, nicht zu leiden. Weder Hunger noch Durst, Müdigkeit oder Erschöpfung zu empfinden: Wohlbefinden ohne Schmerzen, Lebensfreude. Die »bewegte« Lust bezieht sich hingegen auf angenehme und lebhafte Empfindungen. Essen, trinken, Sex haben, tanzen, schlafen. Um diese Freude zu empfinden, muss man auch akzeptieren, Hunger und Durst zu erleiden und sich den Spannungen des Verlangens auszuliefern. Wenn du

der Lust gewissermaßen das Kommando überlässt, musst du wissen, ob du eine ruhige Lust willst, die durch Abwesenheit von Leid gekennzeichnet ist, oder eine Lust, die von Spannung und Genuss lebt. Darüber lässt sich streiten.
Andere antike Philosophen hielten den Willen und die Ausgeglichenheit der Seele für entscheidend. Für sie war unsere Seele wie eine Festung, in der wir frei sind, selbst wenn unser Leib gefangen oder krank ist. Diese Ansicht vertraten Philosophen, die zur Schule des *Stoizismus* gehörten. Sie glaubten, man könne glücklich sein, auch wenn man körperliche Schmerzen, Not oder Diktatur erleide. Und zwar weil es eine einzige Sache auf der Welt gebe, die nur von uns abhängt: unser Wille. Unter den Philosophenschulen der Antike sind noch die Kyniker und Skeptiker zu nennen. Die *Kyniker* glaubten, dass der direkteste Weg zum Glück eine möglichst natürliche Lebensweise sei. Deshalb lebten sie wie Hunde (so erklärt sich die Bezeichnung »Kyniker«, die kommt nämlich von *kyon* [!], dem griechischen Wort für »Hund«). Diese Philosophen lehnten alle Bequemlichkeit, Höflichkeit und sozialen Regeln ab. Sie schliefen auf der nackten Erde, in den Straßen und bettelten um Nahrung.

Das ist hart, aber zumindest waren sie frei!

Was die *Skeptiker* angeht, so waren sie davon überzeugt, dass wir noch nie in den Besitz einer einzigen Wahrheit gelangt sind. Deshalb rieten sie, jegliches Urteil abzulehnen, das heißt, niemals »Ja« oder »Nein« zu sagen, niemals endgültig anzunehmen, dass eine Sache gut oder schlecht, eine Idee wahr oder falsch sei. Dieser universelle Zweifel war in ihren Augen der Weg zu Weisheit und Glück.
Man könnte noch tausend andere Erklärungen geben, zahllose Bücher über diese Weisheitssucher und ihre Lebensweise zitieren. Doch darum geht es uns nicht! Ich wollte dir lediglich zeigen, wie vielfältig und verschieden diese Schulen sind. Sie haben mehrere Jahrhunderte hindurch in Griechenland, Rom und dem gesamten Mittelmeerraum gewirkt. Und dann hat sich alles geändert.

Wodurch?

Durch das Christentum. Im Laufe der ersten drei Jahrhunderte nach der Zeitenwende hat sich die christliche Religion nach und nach über das ganze Römische Reich ausgebreitet, um, wie du sicherlich weißt, 323 mit dem Edikt von Konstantin schließlich die offizielle Religion des Reiches zu werden.
Und damit entstand eine radikal neue Geisteshaltung. Eine Konsequenz dieser Umwälzung ist für

uns besonders interessant. Das Ideal des Weisen verblasste nämlich zur Bedeutungslosigkeit – und mit ihm das Bemühen um ein philosophisches Leben.

Ich verstehe den Grund nicht. Das hätte doch Bestand haben können.

Es geschah ja auch nicht von heute auf morgen. Im Übrigen wurde das Ideal des Weisen nie ganz aufgegeben. Doch hat die christliche Religion eine völlig veränderte geistige Landschaft geschaffen. An die Stelle des Weisen trat fortan der *Heilige*. Die Definition des Heiligen geht über den Horizont des Menschlichen hinaus. Er gehorcht Gott, er unterwirft sich vollkommen dem göttlichen Willen und dem göttlichen Wort. Schon der Ansatz widerspricht also in jeder Beziehung der Vorgehensweise des Philosophen. Vor allem ist der Heilige nicht im Geringsten am irdischen Glück interessiert. Er kann alles opfern und zum Märtyrer werden, denn er will nicht das Glück, sondern das Seelenheil. Er möchte auf ewig »gerettet« werden und in das Reich Gottes eingehen.
Natürlich ist dieses Heil in gewisser Weise das höchste Glück, weil es ein ewiges und absolutes Glück in der Gnade Gottes ist. Doch dieses Glück im Jenseits, im Paradies, ist ganz und gar nicht das Glück, das die Philosophen im Studium und im

Denken, in der Lust oder im natürlichen Leben suchten. Mit der christlichen Religion wird der menschliche Horizont durch den göttlichen ersetzt. Die Philosophen als Weisheitssucher verlieren ihre Bedeutung und verschwinden von der Bildfläche.

Was wird aus ihnen?

Geachtete Autoren, große Vorläufer. Auch im Mittelalter studiert man sie noch, verändert aber häufig den Sinn ihres Denkens. Ihre Texte werden jetzt anders ausgelegt. Die Philosophie verschwindet zwar nicht, erlebt aber eine Art Verfinsterung. Und vor allem verwandelt sie sich. Sie wird, wie es heißt, zur »Dienerin«, um zu erklären, warum fortan die Religion das Sagen hat. Im Mittelalter ist die Philosophie nicht mehr unabhängig. Sie gibt sich ihre Ziele nicht mehr selbst vor. Das Denken und Handeln wird von der Religion bestimmt, der die Philosophie Werkzeuge, Beweisregeln und manchmal Materialien, Ideen oder Begriffe liefert.

Die Philosophie war also nicht mehr frei. Und wie lange hat das gedauert?

Es brauchte einige Jahrhunderte, bis das Denken wieder eine gewisse Unabhängigkeit gegenüber dem religiösen Glauben gewann. Doch als das ge-

schieht (etwa zur Zeit der Renaissance), entsteht eine Philosophie, die anders ist als in der Antike. Der Weise als Idealvorstellung hat sich weitgehend überlebt. Fortan wird das Ideal des Gelehrten beherrschend. Die Philosophie will wissen. Nicht mehr am Glück ist sie interessiert, sondern nur noch an der Wahrheit. Ihr Traum ist nicht mehr die Weisheit, sondern die Wissenschaft. Und dem Philosophen geht es nicht mehr darum, sein Dasein zu verändern, sondern ein System von Ideen zu errichten. Die Philosophie schlägt sich auf die Seite der Theorie. Nahezu ausschließlich wird sie zu einer Sache der *Vernunft*, der Logik, des Beweises. Zwar spielten diese Aspekte auch schon früher eine Rolle, doch jetzt nehmen sie einen zentralen Raum, ja, fast den gesamten Raum ein.
Das ist bei genauerem Hinsehen natürlich etwas komplizierter, und es gibt eine Vielzahl von Sonderfällen. Eines Tages wirst du sicherlich erkennen, dass diese grobe Skizze erklärungs- und ergänzungsbedürftig ist. Aber im Großen und Ganzen ist sie nicht falsch. Die moderne Philosophie (sagen wir, die der letzten vier Jahrhunderte in Europa) wird von einem Projekt beherrscht: dem Bestreben, ein *System* wahrer Ideen zu konstruieren.

Worin besteht das?

Stell dir eine intelligente Maschine vor, die in der Lage ist, alles zu erklären. Zum Beispiel: warum es die Welt gibt, was wir mit unseren Emotionen anfangen sollen, wie sich Gesellschaften bilden, wie unser Körper funktioniert, worin Freiheit, Gerechtigkeit, Moral bestehen. Egal, was für eine Frage es ist, es muss eine logische, schlüssige und begründbare Antwort geben, die mit allen anderen Antworten desselben Systems in Einklang steht. Ein philosophisches System lässt sich dabei als Versuch beschreiben, die Welt und alle ihre Aspekte – die materiellen, psychologischen, moralischen, politischen und so fort – vollkommen zu verstehen.

Das ist doch verrückt! Dann wären die Philosophen ja wie Götter – allwissend!

In gewisser Hinsicht ja. Gleichzeitig kommt darin der höchste Ehrgeiz der Vernunft zum Ausdruck: die Totalität der Welt zu verstehen. Es geht also nicht um die Erklärung von Einzelfällen, sondern darum, anhand einiger Grundprinzipien die Totalität der Welt zu organisieren.

Aber das ist unmöglich, das kann nicht gelingen.

Trotzdem erheben die großen philosophischen Systeme diesen Anspruch. Gestützt auf einige wenige Ausgangspunkte – zehn vielleicht –, treten sie an, die Gesamtheit dessen zu erklären, was in der Welt geschieht.

Kannst du ein Beispiel nennen?

In einen Computerspeicher kannst du beispielsweise Tausende von Daten über historische Ereignisse eingeben. Und wenn du dann »14. Juli 1789« tippst, erhältst du »Sturm auf die Bastille«. Das ist jedoch kein System, sondern einfach eine Sammlung von Daten, die keine Beziehung untereinander aufweisen.

Enthält dein Computer aber ein Rechenprogramm, stellt sich die Situation schon ganz anders dar. Wenn du dort »4132 × 326 = ?« eingibst, sucht der Rechner nicht in seinem Speicher nach dem passenden Ergebnis, sonder führt die Operation aus.

Ein philosophisches System ähnelt diesem Rechenprogramm. Es ist in der Lage, Antworten anhand bestimmter Prinzipien und Regeln abzuleiten. So wie der Rechner das Resultat anhand der Rechenregeln liefert.

Ich verstehe, was du sagen willst, aber das ist doch trotzdem undurchführbar!

Warum?

Man kann doch nicht die ganze Welt in ein System pressen.

Das ist in der Tat eine Art Größenwahn – die Annahme, man könnte die Welt in ihrer Totalität durch das Denken erkennen.

Gibt es wirklich solche Systeme?

Einige. Was nicht heißt, dass sie ihr Ziel erreicht hätten, aber sie haben es versucht und ganz außerordentliche Denkmechanismen hinterlassen. So die Systeme von Descartes, von Spinoza, von Leibniz. Wir werden nicht in diese Universen eintreten. Jedes dieser Systeme ist nämlich wie eine eigene Welt. Ich möchte damit nur zeigen, wie weit wir uns mit diesen Systemen von den Philosophenschulen der Antike entfernt haben. Das Hauptziel der Philosophie ist das Verständnis der Welt geworden. Es geht nicht mehr darum, weise zu werden, indem man sein Leben verändert. Das höchste Ziel besteht nun darin, die Wirklichkeit auf logische und rationale Weise durch das Denken zu erfassen.
Der letzte Schöpfer eines großen philosophischen Systems – Hegel, ein deutscher Philosoph des 19. Jahrhunderts – hat dafür folgende Formel gefunden: »Alles was wirklich ist, ist vernünftig, und alles was vernünftig ist, ist wirklich.«

Kannst du mir das übersetzen?

Alles, was in irgendeiner Weise in unserer Welt existiert, kann von unserem Verstand begriffen werden, und alles, was von unserem Verstand begriffen werden kann, existiert in irgendeiner Weise in unserer Welt. Das ist im Großen und Ganzen damit gemeint. Mit anderen Worten, die Welt und der Geist entsprechen sich vollkommen. Hegel nennt das »absolutes Wissen«.

Das ist eine Pause wert!

Einverstanden.

3
Dem Weg der Wörter folgen

Beginnen wir mit einer kurzen Rekapitulation: Wir haben gesagt, dass die Philosophie eine Tätigkeit ist, die sich mit Ideen beschäftigt und die Wahrheit sucht. Wir haben gesehen, dass diese Ideen unser Dasein verändern können. Schließlich haben wir festgestellt, dass im philosophischen Denken alles mit dem Staunen beginnt, das zunächst eine Art Destabilisierung hervorruft. Dieser Schock löst die Suche nach der Wahrheit aus, wobei der Weg der Erkenntnis sowohl die physische und materielle Welt wie auch die moralischen Werte beeinflusst. Das gilt bis zu dem Zeitpunkt, da Wissenschaft und Weisheit zwei verschiedene Disziplinen werden. Bist zu mit dieser Zusammenfassung einverstanden?

Ja, ich glaube, das trifft die Sache.

Vielleicht sollten wir noch hinzufügen, dass die Philosophie in Erfahrung zu bringen sucht, ob wir wahre Ideen haben (und nicht Hirngespinste, Illusionen) und ob die Ideen wahr sind.

Was gibt es denn für einen Unterschied zwischen »wahren Ideen« und »Ideen, die wahr sind«? Ich bin mir nicht sicher, dass ich das richtig verstanden habe.

Eine wahre Idee kann man erklären, das ist eine Idee, die der Prüfung des Denkens standhält.

Doch wenn diese Idee der Prüfung standhält, muss sie auch wahr sein!

Bravo, da sprichst du einen sehr wichtigen Punkt an. Für viele Philosophen gibt es nämlich keinen Unterschied zwischen den beiden Begriffen. Und tatsächlich entspricht eine Idee, wenn sie richtig entwickelt wird, immer einer Wirklichkeit. Doch gibt es in dieser Hinsicht noch einige Wenn und Aber.
Denn wir haben uns noch nicht mit der Frage beschäftigt, wann eine Idee »richtig entwickelt« und »schlüssig« ist. Wir wissen auch nicht, wie man Ideen »prüft«, das heißt, wie man untersucht, ob sie wahr oder falsch sind. Überlegen wir uns zu diesem Zweck einmal, wie wir Ideen finden oder übermitteln. Was würdest du sagen?

Nun ja, dazu dienen Bücher, Zeitungen, Gespräche. Und das Telefon, der Computer.

Und was ist in all den genannten Fällen der gemeinsame Nenner?

Die Wörter?

Aber ja! Natürlich! Die Wörter, immer die Wörter. Durch die Wörter und durch ihre Kombination haben wir Zugang zu Ideen. Daher legen Philosophen so großen Wert auf die Art und Weise, wie sie sich ausdrücken. Die Rolle der Sprache ist von zentraler Bedeutung, darauf will ich im Moment hinaus. Das haben auch schon frühere Philosophen gewusst, doch in unserer Zeit ist dieser Aspekt zu einem wichtigen Teilgebiet der Philosophie geworden.
Gehen wir ein bisschen zurück. Die Philosophie besteht nicht aus Gesten oder physischen Handlungen, sondern aus Wörtern, Sätzen, Büchern. Es handelt sich also um eine Tätigkeit, die aus Diskursen besteht, organisierten Wortfolgen.
Es gibt noch andere Disziplinen, die an Diskurse und Wörter gebunden sind. Beispielsweise die Literatur und Dichtkunst. Aber auch die Geschichte und Geographie. Zunächst müssen wir also klären, was die Philosophie unter allen anderen mit der Sprache verknüpften Tätigkeiten auszeichnet. Was ist ihr Stil, ihre besondere Weise, ihr Wesen?
Bei dieser Frage können wir uns an ein Zitat von Äsop halten, einen Fabeldichter der Antike: »Die Sprache ist von allen Dingen am besten und am schlimmsten.«

Warum?

Finde es selbst heraus!

Weil Sprache Gutes und Böses tun kann!

Ein guter Anfang, mach weiter und vertiefe diese doppelgesichtige Idee: Das Gute und das Böse, und dann?

Das Wahre und das Falsche?

Genau. Wörter können uns leiten und in die Irre führen, uns informieren und täuschen. Sie können lügen oder die Wahrheit enthüllen. Die Sprache ist wie ein Messer mit doppelter Schneide.
Die Philosophie, die wahre Ideen mit Hilfe von Wörtern sucht, befindet sich in einer schwierigen Situation. Weißt du, warum?

Sie bedient sich der Wörter und misstraut ihnen gleichzeitig?

Genau das. Die Philosophie reibt sich an den Wörtern … kämpft mit ihnen. Sie sind zugleich die einzigen Werkzeuge, mit denen sich die Suche nach den Ideen, die wahr sind, betreiben lässt, und der Ursprung einer Vielzahl von Ideen, die falsch sind.

Was für falsche Ideen kommen durch Wörter zustande?

Alle möglichen Täuschungen und Probleme, die zu entdecken und zu beseitigen die Philosophie bemüht ist. Das mag dir vielleicht merkwürdig vorkommen, aber ich muss dich noch einmal um ein bisschen Geduld bitten.
Wie gesagt, die Philosophen interessieren sich nicht auf die gleiche Weise wie die Dichter oder Schriftsteller für die Wörter. Sie versuchen nicht, Sätze zu bilden, die schön und bewegend sind oder bestimmte Vorstellungen enthalten. Ihnen ist es um Sätze zu tun, die ein exakter Ausdruck von Ideen sind. Die erste Bedingung lautet dabei, dass die Sätze der Ordnung der Sprache entsprechen, ihrem Bauplan. Das nennt man *Syntax*. Ohne diese erste Bedingung zu erfüllen, lässt sich nichts ausrichten. Stell dir beispielsweise vor, ich würde zu dir sagen: »Grün und oder doch.«

Was?

»Grün und oder doch.«

Das ergibt keinen Sinn.

Nein, das ergibt in der Tat keinen Sinn. Es sind vier Wörter, die du kennst, aber die Art, wie sie hier zusammengefügt sind, erzeugt keine Bedeutung. Erste Bedingung: Um eine Idee zu haben, die sich untersuchen lässt, müssen wir einen Satz richtig bilden.

Doch das genügt noch nicht. Wenn ich nämlich zu dir sage: »Der Kreis ist quadratisch«, so ist das ein korrekt gebildeter Satz (Subjekt, Prädikat, Attribut), aber er ist bedeutungslos, denn er ist nicht vorstellbar. Und damit enthält er keine Idee. Egal, wie lange du es versuchst, du wirst dir keinen quadratischen Kreis vorstellen können! Entweder er ist ein echter Kreis, dann kann er nicht gleichzeitig quadratisch sein, oder er ist ein echtes Quadrat, dann kann er nicht gleichzeitig ein Kreis sein!

Du bist dir aber sicher, dass wir noch über die Philosophie sprechen und nicht über irgendein Ratespiel?

Nur Geduld. Denn das ist wichtig. Wenn man die Wahrheit in den Ideen sucht, muss man mit Sätzen arbeiten. Wie alle anderen Sätze bestehen auch diese aus Wörtern. Die Wahrheit ist keine Göttin und keine geheimnisvolle, unzugängliche Region der Welt. Sie ist ganz einfach eine Eigenschaft von Sätzen: Manche sind wahr, andere falsch. Daher müssen wir darauf achten, wie die Sätze gebildet sind, und schauen, ob sie eine Bedeutung haben oder nicht.

Ein erster Schritt könnte darin bestehen, alle Sätze

vom Typ »quadratischer Kreis« auszusortieren. Denn solche Sätze entsprechen keiner Idee. Sie bilden *Widersprüche* und können beiseite gelassen werden, weil es keine Möglichkeit gibt, sie zu denken. Andererseits kann man viele Dinge denken, die keine Widersprüche enthalten, obwohl es sie in der Wirklichkeit nicht gibt. Beispielsweise kann ich mir einen Berg aus Gold oder ein Pferd mit Flügeln vorstellen. Das sind Dinge, die zu denken *möglich* sind. Sie sind möglich »als Ideen«, obwohl sie nicht wirklich sind. Hier haben wir es mit einem anderen Fall als dem quadratischen Kreis zu tun, den man »Schildkrötenfell« nennen könnte.

Schildkrötenfell?

Das ist ein Scherz buddhistischer Mönche aus alter Zeit. Sie stellten sich vor, dass sie eine Antwort auf die Frage suchten: »Ist das Schildkrötenfell hart oder weich?« In Wirklichkeit gibt es keine Antwort auf diese Frage, weder eine Antwort, die wahr, noch eine Antwort, die falsch ist. Ganz einfach, weil Schildkröten kein Fell haben.
Dieses Mal liegen die Dinge anders: Ich kann mir ein Schildkrötenfell vorstellen (oder einen Berg aus Gold), doch diese Idee hat keine Entsprechung in der Wirklichkeit.
Um nun also in Erfahrung zu bringen, ob eine Idee wahr oder falsch ist, müssen wir zumindest dreier-

lei tun: 1. Prüfen, ob der Satz, der die Idee ausdrückt, nicht Kauderwelsch ist (von der Art »Grün und oder doch«), und daher nicht zu denken; 2. Prüfen, ob der Satz nicht einen Widerspruch enthält (von der Art »quadratischer Kreis«), der es unmöglich macht, die Idee zu denken; 3. Prüfen, ob sich der Satz auf etwas bezieht, was es wirklich gibt, und nicht auf etwas, was möglich ist, aber nicht wirklich (von der Art »Schildkrötenfell«). Wenn du darüber nachdenkst, wirst du sehen, dass es gar nicht so kompliziert ist. Du musst dir auch gar nicht alle Konsequenzen ausmalen, die diese Regeln nach sich ziehen können. Hauptsache, du verstehst, dass sich die Tätigkeit der Philosophie – die Suche nach Ideen, die wahr sind – als Arbeit mit Wörtern, mit Sprache und mit Logik vollzieht, das heißt, mit der Art und Weise, wie die Wörter und Ideen untereinander organisiert sind. Die Griechen haben das schon in der Antike erkannt. Weißt du, woher der Begriff *Logik* kommt?

Keine Ahnung.

Direkt von dem griechischen Wort *logikos*, einem Adjektiv, das aus *logos* gebildet wurde. *Logos* ist ein sehr merkwürdiges Wort. Erinnere dich an das Adjektiv *sophos* (die Silbe *soph* in unserem *Philosoph*), das zugleich »gelehrt« und »weise« bedeutet. Ähnlich verhält es sich mit *logos*, das zugleich für

»Wort« (die Sprache) und für »Vernunft« (die Fähigkeit zu denken, Beweise zu führen, Schlussfolgerungen zu ziehen) steht und auch noch »Rechnung« bedeutet! Wenn man den Menschen als *Animal logikos* definiert, kann das auf Griechisch sowohl das »sprechende Tier« als auch das »vernunftbegabte Tier« heißen.

Das ist für das Thema, mit dem wir hier beschäftigt sind, ein wichtiger Hinweis. Sprechen und Denken sind zwei Tätigkeiten, die eng miteinander verbunden sind. Die Verknüpfungen der Ideen untereinander, ihre Beziehung, sogar die Existenz der Ideen haben unmittelbar mit der menschlichen Sprache zu tun. Die Fähigkeit, logisch zu denken, ist letztlich das Gleiche wie die Fähigkeit, die Zeichen einer Sprache zu handhaben. Im Übrigen sei hinzugefügt, dass es die Wörter sind, die Ideen oder Begriffe bezeichnen, und nicht die Dinge selbst.

Damit bin ich keineswegs einverstanden. Wenn ich sage: »Eben habe ich Blumen in die Vase gestellt, und jetzt sitze ich auf der Couch«, sind das lediglich Bezeichnungen für Dinge! All das ist konkret: Blumen sind keine Ideen! Auch die Vase nicht oder die Couch!

Nach deiner Ansicht bezeichnen Wörter also keine Ideen oder Begriffe, sondern die Dinge selbst oder die Menschen.

Genauso ist es.

Es tut mir leid, aber das ist eine Täuschung. Da haben wir ein schönes Beispiel für einen Gedanken, der scheinbar wahr ist, einer näheren Betrachtung aber nicht standhält.

Wieso das? Das ist doch wahr! Ich spreche von Blumen und einer Couch, nicht von Ideen!

Wenn du zu irgendjemandem das Wort »Blume« sagst, woran denkt er dann?

An eine Blume, natürlich.

Aber denkt der Mensch an eine dieser Blumen, die hier vor dir stehen und die du eben in die Vase gestellt hast?

Natürlich nicht. Schon wieder so eine blöde Frage.

Ich füge noch eine letzte merkwürdige Frage hinzu: Gilt das auch für das Wort »Couch« und unsere Couch? Stimmst du mir zu, dass jemand, dem du das Wort sagst, nicht die Couch vor Augen hat, auf der du gerade sitzt?

Sicherlich nicht. Was soll das Ganze?

Uns zu einem Ergebnis führen, das dir nicht besonders gefallen wird. Das Wort »Blume« ruft nicht unbedingt die Vorstellung der Blumen hervor, die wir hier vor uns sehen. Sondern woran lässt es denken?

An irgendeine Blume.

Genau. Und könnte irgendeine Blume nicht womöglich die Idee der Blume sein?

Ich verstehe gar nichts mehr!

Überlegen wir noch einmal. Ich habe behauptet, dass die Wörter immer Ideen bezeichnen. Du hast diese Behauptung zurückgewiesen und gemeint, dass Wörter wie »Blumen«, »Vase«, »Couch« die wirklichen Dinge bezeichnen, die vorhanden sind. Deshalb habe ich nachgefragt: Denkt jemand, der das Wort »Blume« hört, an diese Blumen hier? Du warst wie ich der Meinung, dass er das nicht tut. Aber woran denkt er dann? An die Blume »im Allgemeinen«. Wenn wir nur »Blume« sagen, verraten wir damit nicht, ob es sich um eine Rose, Margerite, Chrysantheme, Pfingstrose oder irgendeine andere Art handelt. Doch diese Blume »im Allgemeinen« ist, fürchte ich, nichts anderes als ... der Begriff, die Idee der Blume! Das ist nämlich das, was alle gemein haben. Keine Blume im Besonderen oder in der Wirklichkeit. Darin ähneln sich alle Gattungsnamen: Sie bezeichnen Ideen, die zwangsläufig allgemein sind, keine Dinge. Das gilt im Übrigen für die Gattungsnamen in allen Sprachen und Sparten. Also auch für … die Couch.

Aber worauf sitze ich dann?

Auf der Couch natürlich.

Und die ist eine Idee?

Nein, die ist eine Sache! Kein Mensch hat jemals auf einer Idee gesessen, darin wirst du mir sicherlich Recht geben.

Also, wenn ich von der Couch spreche, rede ich dann von einer Sache oder einer Idee?

Von beidem! Und genau daher rühren unsere Schwierigkeiten. Wenn du von der Couch sprichst, redest von der Idee einer Sache (dem allgemeinen Begriff dieser Möbelart), während du auf einem Exemplar dieser Sache sitzt. Man könnte auch sagen, du darfst nicht die Couch und »die Couch« verwechseln.

He, was wird denn das?

Eine Klarstellung, hoffe ich. Nennen wir »die Couch«, in Anführungsstrichen, die allgemeine Idee dieses Möbels. Kein Mensch hat jemals auf »der Couch« gesessen, genauso wenig wie jemals ein Mensch »die Blume« gepflückt oder gerochen hätte. Doch wenn du sagst, »ich sitze auf der Couch«, bedienst du dich dieser allgemeinen Idee, um von dieser Couch *hier* zu sprechen, von unserer Couch in diesem Wohnzimmer. Das ist ein konkretes Ding und keinesfalls eine Idee. Dann sagst du »die« Couch, indem du den Artikel als Demonstrativpronomen verwendest. Du sitzt auf *dieser* Couch (die hier steht, die uns gehört), und nicht auf »der Couch« im Allgemeinen.

Ich bekomme so eine Ahnung von dem, was du meinst. Ist schon eine komische Sache, die Philosophie. Und das gilt für alle Wörter?

Auf jeden Fall für alle Gattungsnamen. Wenn du das Wort »Frau« hörst, verstehst du es. Es bezeichnet keinen bestimmten Menschen. Und niemals, unter keinen Umständen kannst du »der Frau« im Allgemeinen auf der Straße oder irgendwo anders begegnen, genauso wenig wie »dem Mann« oder »der Zahl zwei«.

Trotzdem gibt es viele Dinge, die zu zweit daherkommen, Schuhe, Strümpfe, Handschuhe, Skier …

Aber du kannst in deinem Kleiderschrank oder auf der Skipiste niemals »der Zwei« begegnen! »Die Zwei« gibt es nur in deinem Kopf, und das Wort (»zwei« auf Deutsch, »deux« auf Französisch, »two« auf Englisch, »dos« auf Spanisch und so fort) bezeichnet diese Idee. Wie du selbst gesagt hast, ist der Begriff »zwei« eine ganz einfache und klare Idee. Du kannst sie ohne Mühe denken und verwechselst sie nicht mit anderen Ideen (»der Eins« oder »der Drei« zum Beispiel). Das ist also sehr klar und genau, und doch ... *abstrakt*!

Das würde ich nicht abstrakt nennen!

Ich weiß. Abstrakt nennst du vermutlich, wie allgemein üblich, Ausführungen, die schwer zu verstehen sind und bei denen man nicht recht erkennt, wovon eigentlich die Rede ist. Etwas, was du verschwommen und verwirrend findest und was einen »ganz schwindlig« macht.

Ich denke ja.

Ich denke nein! Das ist keine gute Definition. Die sieht anders aus. *Abstrakt* ist eine Realität, die wir nur denken können. »Zwei«, die Zahl zwei, ist eine Realität dieser Art. Du kannst die Zahl zwei nicht anfassen, nicht sehen, nicht schmecken. *Konkret* ist eine Realität, die man sehen, berühren, anfassen kann, kurzum, eine materielle Wirklichkeit. Alles, was man denkt, ist abstrakt, alles, was man mit den fünf Sinnen wahrnimmt, ist *konkret*.

Damit habe ich ein Problem. Du hast gesagt, wenn etwas über einen der fünf Sinne aufgenommen wird, ist es konkret?

Ja, im Großen und Ganzen kann man das sagen.

Aber die Wörter höre ich doch! Oder ich sehe sie geschrieben! Wie kannst du dann sagen, dass sie abstrakte Ideen bezeichnen?

Eine sehr gute Frage. Betrachte zum Beispiel das Verkehrsschild, das für »Einfahrt verboten« steht. Du weißt natürlich, dass es sich um einen roten Kreis mit einem weißen Querbalken handelt. Doch kannst du es auf jede mögliche Art und aus jedem Blickwinkel betrachten, du wirst auf dem Blech und der Farbe nicht die Idee finden, die besagt: »Einfahrt aus dieser Richtung in diese Straße verboten«. Diese Idee ist nur im Kopf, nicht auf dem Blech. Es handelt sich um die Verknüpfung einer Zeichnung und einer Idee. Die konkrete Zeichnung ruft die abstrakte Idee hervor. Ein *Zeichen* hat immer zwei Gesichter, ein konkretes und ein abstraktes. Einerseits ist es eine Sache, andererseits eine Idee.

Mit den Wörtern verhält es sich genauso. Du hörst Laute oder siehst Buchstaben. Diese materiellen Elemente rufen Ideen hervor, mit denen sie verknüpft sind. Was du hörst, ist der Laut »tswai« (oder »dö« oder »tuu«), aber nicht – die Idee »zwei«! Verstanden?

Verstanden! Trotzdem würde ich gern wissen, welche Bedeutung das Ganze hat. Ich begreife nicht recht, was es soll!

Ich verstehe. Wahrscheinlich denkst du: »Eigentlich müsste es um Glück, Gerechtigkeit und Wahrheit gehen, stattdessen all diese Haarspaltereien über Wörter und Dinge, über die Bildung von Sätzen und viele andere komplizierte Dinge, bei denen man nicht recht weiß, woher sie kommen und wohin sie führen.« Ist es das?

Ja, so ungefähr.

Das ist normal. Wir müssen das, was wir gesagt haben, wieder einordnen, um klar zu sehen. Erinnerst du dich an die Aussage, von der wir ausgegangen sind: dass man, um die Wahrheit zu suchen, Sätze verwenden muss?

Ja, aber was hat das mit unserem jetzigen Gedankengang zu tun?

Nun, dieser Gedankengang hat uns gezeigt, dass die Philosophie mit Wörtern arbeitet und mit bestimmten Arten, sie in Frage zu stellen. Meistens sprechen wir, ohne Fragen zu stellen, fast ohne nachzudenken. Die Philosophen dagegen sprechen, indem sie sich Gedanken machen über Dinge, die alle sagen, ohne sich darüber Gedanken zu machen.

Daher ist die Philosophie auch eine Form des Nachdenkens über Sprache, über ihre Mechanismen, über ihre Möglichkeiten und Grenzen. Wahrheiten suchen, Täuschungen beseitigen, das macht man mit Wörtern, durch Wörter, in Wörtern. Deshalb müssen wir untersuchen, wie Sätze gebildet werden und wie sie in Beziehung zu den Dingen treten. Daher müssen wir auch fragen, wie die Ideen mit den Wörtern verknüpft sind.

Ich verstehe, dass dir das merkwürdig erscheint. Da bekommst du statt Philosophie plötzlich Grammatik und Logik vorgesetzt. Aber du wirst schnell sehen, dass das unentbehrlich ist. Um zwischen wahren Ideen und Illusionen zu unterscheiden, brauchen wir Wörter und Sätze. Daher müssen wir wissen, wie diese Werkzeuge funktionieren, was wir von ihnen erwarten können und welche Fallen wir vermeiden müssen.

4
Viele Wege der Freiheit

Ich hoffe, du hast jetzt eine etwas klarere Vorstellung von dem, was das Wort »Philosophie« bedeutet. Allerdings fehlt noch eine letzte Bestandsaufnahme, um das Bild zu vervollständigen. Wir haben einige Erkenntnisse gewonnen. Wir haben gesehen, welche Bedeutung die Sprache hat und wie lang die Geschichte der Philosophie ist. Nun ist es an der Zeit, dass wir uns einen Eindruck von den vielfältigen Bereichen der Philosophie verschaffen.

Was meinst du mit den Bereichen der Philosophie?

Früher sprach man von den »Teilen der Philosophie«. Das war auch nicht besser. Ich gestehe dir, dass ich nicht weiß, welches Wort ich verwenden soll. Kein Wort will so recht passen. Das spielt aber keine große Rolle. Entscheidend ist die Idee – und die lässt sich leicht begreifen.
Die Philosophie ist eine einzige Tätigkeit, aber sie besitzt verschiedene Möglichkeiten, sich zu entfalten, und auch verschiedene Bereiche, in denen das geschieht.

Zum Beispiel?

Fangen wir mit dem Schwierigsten an. Die *Metaphysik* ist das Teilgebiet der Philosophie, das nach den grundlegenden Aspekten der Wirklichkeit fragt. Warum existieren wir? Was nennen wir »Sein«? Warum gibt es etwas und nicht nichts? Mit Fragen dieser Art beschäftigt sich die Metaphysik.

Und hat man sie gefunden?

Wen gefunden?

Na ja, die Antworten.

Das schon, aber gewiss ist keine. Es handelt sich ja um Konzepte und Ideen aus einem Gebiet, das wir nicht überprüfen können. Ein anderer Zweig der Philosophie ist die *Logik*. Das ist die Beschäftigung mit Beweisen und Argumenten. Sie ist wichtig, weil wir bei der Suche nach Ideen, die wahr sind, immer Gefahr laufen, in die Fallen von Trugschlüssen zu tappen.

Zum Beispiel?

Ich sage dir: »Alle x sind y.« Jetzt frage ich dich, was du daraus mit Gewissheit schließen kannst, selbst wenn du keine Ahnung hast, was sich hinter diesen x und y verbirgt.

Dass alle y x sind.

Eben nicht! »Alle Blondinen sind Frauen« gestattet nicht den Schluss »Alle Frauen sind Blondinen«! Daraus kannst du lediglich schließen: »*Einige* Frauen sind Blondinen«. Wenn es heißt: »Alle x sind y«, dann folgt daraus: »*Einige* y sind x«. Oder, falls dir ein konkretes Beispiel lieber ist, wenn wir sagen: »Alle Blondinen sind Frauen«, dann bedeutet das mit Gewissheit: »*Einige* Frauen sind Blondinen«. Das ist alles, was wir schlüssig daraus ableiten können.
Der Fehler, den du gemacht hast, wird häufig begangen. Er kann aber zu schwerwiegenden Denkfehlern führen. Deshalb ist die Logik so wichtig. Sie beschäftigt sich mit der Form der Argumentation, unabhängig vom Inhalt der Sätze.

Ich glaube, ich verstehe, aber kannst du das noch ein bisschen näher erklären?

Ich nehme das genannte Beispiel wieder auf. Wenn gilt »Alle x sind y«, dann lässt sich, wie gesehen, daraus ableiten: »Einige y sind x«. Richtig?

Soweit okay.

Nun, dieses Schema kann ich wie eine Backform mit den verschiedensten Inhalten füllen. Eben habe ich vorgeschlagen: »x = Blondinen« und »y = Frauen«, und das ergab »Wenn alle Blondinen Frauen sind, dann sind einige Frauen Blondinen.«

Doch in diese Argumentationsform kann ich auch Elemente eingeben, die keine Entsprechungen haben. Versuchen wir es zum Beispiel mit Folgendem: »x = Flugzeugträger« und »y = Kaugummi mit Erdbeergeschmack«. Dann erhalten wir: »Wenn alle Flugzeugträger Kaugummis mit Erdbeergeschmack sind, dann sind einige Kaugummis mit Erdbeergeschmack Flugzeugträger.« Was geschieht in diesem Fall? Die Sätze sind absurd, sie haben keine Entsprechung in der Wirklichkeit. Doch die Beweisführung ist richtig. Sie ist nach den Regeln konstruiert. Die Form ist einwandfrei, die Schlussfolgerung richtig.

Man kann also eine korrekte Beweisführung mit absurden oder falschen Elementen durchführen. Die Beweisführung ist demnach eine Form, die unabhängig von ihren Inhalten ist. Das haben die Philosophen der Antike und des Mittelalters genau erkannt. Sie haben die verschiedenen Schlussregeln untersucht, sortiert und klassifiziert. Seit etwa hundert Jahren ist die Logik immer komplizierter geworden, mit dem Erfolg, dass sie heute ein Zweig der Mathematik ist.

Sie hat sich von der Philosophie abgetrennt?

Letztlich ja. Da sie immer schwierigere Methoden entwickelt hat, ist sie schließlich zu einer eigenen Disziplin geworden. Die Logik ist übrigens nicht das einzige Beispiel dafür. Es gibt noch andere Teilgebiete, die einst zur Philosophie gehörten und sich nach und nach emanzipiert haben. Nimm zum Beispiel die Psychologie.

Die hat auch zur Philosophie gehört?

Unbedingt. Die *Psychologie* ist, Wort für Wort, die Leere von der Seele (*psychè* auf Altgriechisch). Die ganze Philosophiegeschichte hindurch hat man sich den Kopf zerbrochen, wie wir unsere Sinneswahrnehmungen verknüpfen, wie das Gedächtnis, die Ideenassoziationen, die Emotionen und Gefühle funktionieren. Die Philosophen haben Bibliotheken mit ihren Vermutungen über Verlangen, Liebe, Freundschaft, Mitleid, Hass, Angst, Ausgeglichenheit und vieles mehr gefüllt.
Ebenfalls vor ungefähr hundert Jahren hat sich die Psychologie dann von der Philosophie abgespalten und ist immer experimenteller und wissenschaftlicher geworden. Wie du vermutlich weißt, gibt es heute zahlreiche Forschungszentren in aller Welt, wo Wissenschaftler die Hirnfunktionen beobachten. Sie versuchen herauszufinden, wie das Seh-

system arbeitet, wie unsere Erinnerungen abgespeichert werden oder was sich in unserem Gehirn abspielt, wenn wir Musik hören oder Angst haben.
Alle diese Untersuchungen werden mit Geräten durchgeführt, die die Philosophen früherer Generationen weder kannten noch sich wahrscheinlich vorstellen konnten. Aber, und das möchte ich unterstreichen, mit diesen neuen Apparaten untersuchen die Forscher von heute die gleichen Fragen wie die Philosophen früherer Zeiten. Auch für sie stehen die Beziehungen zwischen Körper und Geist im Mittelpunkt des Interesses.
Wie entsteht unser Bewusstsein? Wie werden die Befehle des Willens auf die Muskeln übertragen? Oder auch: Warum lachen wir? Wie kommt es zu Tränen? Das sind einige der Fragen, mit denen sich die Philosophen beschäftigt haben und die auch heute noch im Mittelpunkt wissenschaftlicher Forschung stehen. Übrigens greifen Wissenschaftler, die auf diesen Forschungsfeldern arbeiten, nicht selten auf die Theorien der Philosophen zurück. Sie diskutieren sie, geben ihnen Recht oder widerlegen sie.

Wenn ich dich recht verstehe, geht die heutige Forschung den gleichen Fragen auf den Grund, mit denen sich einst die Philosophen beschäftigten?

Ja und nein. Ja, weil das in der Psychologie und der Logik tatsächlich so geschieht. Und nein, weil die Philosophen keine ausgestorbene Spezies sind! Es wäre ein Irrtum zu meinen, in ferner Vorzeit hätte es Philosophen gegeben und heute wären sie durch Wissenschaftler ersetzt worden. Im Übrigen gibt es ein wichtiges Teilgebiet der Philosophie, das sich seit der Antike fortlaufend weiterentwickelt und auf dem viele zeitgenössische Philosophen arbeiten. Früher nannte man es »*moralische* und *politische* Philosophie«.

Warum wirft man »moralisch und politisch« in einen Topf? Das sind doch zwei verschiedene Dinge!

Was für einen Unterschied machst du?

Die Moral ist eine persönliche Angelegenheit und hängt von jedem Einzelnen ab. Die Politik betrifft mehr Menschen. Sie ist kollektiv.

Ich halte deine Behauptung für ziemlich problematisch. Wenn nämlich festgelegt wird, was »gut« und was »böse« ist, muss es für mehrere Menschen gelten, meist sogar für alle! Die Auffassung, dass jeder seine eigene Moral erfinden kann, erscheint mir fragwürdig.
Außerdem haben Moral und Politik eine wichtige Gemeinsamkeit: Beide regeln die Beziehungen

zwischen mehreren Personen. Gerechtes und ungerechtes Handeln, heroisches und kriminelles Verhalten, Tugenden und Laster – das alles hat mit Beziehungen zwischen Menschen zu tun. Es ist schwierig, Gutes oder Böses zu tun, wenn man wie Robinson auf einer verlassenen Insel lebt und dort nicht eine einzige Menschenseele vorfindet! Nur weil wir viele sind und zusammenleben, können wir gut oder schlecht gegen unseresgleichen sein.

Es ist immer irgendjemand, dem wir Gutes oder Böses tun. Und es ist immer irgendjemand, der es uns tut. Kurzum, alle Fragen der Moral haben mit der Tatsache zu tun, dass wir mit anderen in Beziehung stehen. In Beziehungen aller Art natürlich: Liebe, Verwandtschaft, Freundschaft, Arbeit, Konkurrenz, Hilfe, Solidarität, Rivalität, Kameradschaft und so fort. Die Beziehungen sind unterschiedlich, aber alle setzen sie ein menschliches Gemeinwesen und Lebensregeln voraus, das heißt eine Moral. Die Politik gehört der gleichen Kategorie an. Weißt du, woher das Wort kommt?

Auch griechisch?

Auch griechisch! *Politeía* ist die »Staatsverwaltung«, die Art und Weise, wie die Macht in der *Polis*, dem Stadtstaat, organisiert ist. Auch da handelt es sich primär um Beziehungen zwischen Menschen, allerdings unter einem bestimmten Blickwinkel betrachtet. Es geht darum, wie man Entscheidungen über kollektive Angelegenheiten trifft. Wer entscheidet? Ein Einziger? Einige? Wie werden sie dazu bestimmt und durch wen? Auf immer? Für begrenzte Zeit? Das sind die Fragen, die sich stellen, wenn wir über Politik nachdenken. Und die Philosophen haben nie aufgehört, darüber nachzudenken.

Die Philosophen machen Politik?

Ja. Allerdings nicht wie ein Aktivist oder Politiker. Aber sie stellen nach wie vor Fragen: nach der besten Regierungsform, dem Wesen der Macht, der Beziehung zwischen dem Einzelnen und dem Staat. Natürlich gibt es gegensätzliche Schulen und Analysen, und manche Fragen haben sich erst als Konsequenz aus bestimmten Epochen entwickelt. Seit der französischen Revolution zum Beispiel, die weitgehend von philosophischen Ideen beeinflusst war, befasst man sich mit Menschenrechten und dem Schutz bürgerlicher Freiheiten.
In der Epoche der Französischen Revolution hat sich auch die Art und Weise, wie wir Moral definieren, entscheidend verändert. Kant, ein deutscher Philosoph, der Ende des 18. Jahrhunderts lebte, hat sich intensiv mit dieser Frage beschäftigt. Woher kann ich wissen, was ich tun soll?

Habe ich eine Möglichkeit, meine Pflicht sicher und gewiss zu erkennen? Diese Fragen waren sein Ausgangspunkt.

Aber das hängt doch von den Menschen ab und ist für jeden anders!

Dann hör dir die Geschichte an, die uns Kant als Beispiel gibt:
Ein Mann wird von seinem Fürsten aufgefordert, ein falsches Zeugnis gegen einen Unschuldigen abzulegen. Er kennt den Mann nicht und steht in keiner Beziehung zu ihm. Doch wenn er aussagt, wird der Unschuldige verurteilt. Wenn unser Mann dem Fürsten gehorcht, genießt er den Schutz und die Gunst seines Herrn. Wenn er sich weigert, droht ihm schlimmstes Ungemach. Was ist seine Pflicht?

Seine Pflicht ist, kein falsches Zeugnis abzulegen.

Sehr schön, aber warum?

Weil man niemanden töten kann, der nichts getan hat.

Ja. Oder genauer: Man *soll* niemanden töten, der nichts getan hat, denn physisch kann man es durchaus … Kant fügt hinzu, dass diese falsche Zeugen-

aussage alle Zeugenaussagen in Frage stellt. Du siehst, welche Idee dahinter steht: Wenn man als Zeuge lügen kann, ist keine Zeugenaussage mehr glaubhaft.
Aber ist dir etwas aufgefallen?

Nein, was?

Du hast spontan erklärt, dass man so etwas nicht tut, dass man sich nicht bereit erklären darf, ein falsches Zeugnis abzulegen.

Natürlich. Und?

Glaubst du, deine Freunde würden das Gleiche sagen?

Na klar!

Siehst du, du kannst nicht sagen: »Das hängt von den Menschen ab!« Das ist keineswegs für jeden anders. Tatsächlich zeigt Kant, dass jeder Mensch weiß – oder leicht erkennen kann –, was seine *Pflicht* ist. Und diese Pflicht ist in ähnlichen Situationen für alle gleich.
Nicht die Pflicht hängt also von den Menschen ab, sondern ob sie sie erfüllen oder nicht. Ich weiß, was ich tun muss, aber ich kann mich entscheiden, anders zu handeln. Im Falle dieses Mannes entwirft

Kant übrigens ein höchst dramatisches Szenario: Sein Weib und seine Kinder suchen ihn im Kerker auf und flehen ihn an, dem Fürsten zu gehorchen. Wenn er weiterhin bei seinem Entschluss bleibe, diesen unschuldigen Mann zu retten, den er noch nicht einmal kenne, dann besiegele er dadurch nicht nur seinen eigenen Untergang, sondern richte auch seine Familie zugrunde und stürze seine Kinder ins Unglück.
Es lässt sich vorstellen, dass er schwach wird. Durchaus möglich, dass er lieber seine Haut rettet oder seiner Familie Elend und Not erspart, als moralisch zu handeln. Jeder Mensch hat stets die Freiheit, sich gegen die Moral zu entscheiden und seine Pflicht zu vernachlässigen. Aber nicht aus Unwissenheit oder weil die Pflicht relativ wäre.

Du willst damit sagen, dass die Moral unverrückbar ist und nur die Menschen ihren Standpunkt verändern?

Ja, so in etwa. Die Pflicht ist für alle gleich, nur die Entscheidung, nach ihr zu handeln, fällt verschieden aus.
Und es ist noch ein weiterer Punkt des philosophischen Denkens hervorzuheben, der die Moral mit der Politik verbindet. Das ist die *universelle* Idee. Wie wir gesehen haben, ist die Pflicht für alle gleich. Das heißt, sie ist bei einem Mann nicht an-

ders als bei einer Frau, bei einem weißen Menschen nicht anders als bei einem schwarzen oder gelben, für Reiche nicht anders als für Arme. Und wenn wir an die Menschenrechte denken, so weißt du sicherlich, dass es eine *universelle* Erklärung der Menschenrechte gibt. Sie gilt nicht nur im Norden, nicht nur an ungeraden Tagen, sondern immer und überall. Denn das heißt universell: gültig für jeden, zu jeder Zeit und an jedem Ort.
Kennst du noch andere Dinge, die als universell gelten?

Die Mathematik?

Ja, sehr schön. Dem können wir noch die Gesetze der Logik hinzufügen – wie jene, die wir eben betrachtet haben. Und sogar, auf einer anderen Ebene, die Ideen der Metaphysik: Wenn wir herausfinden, warum die Welt existiert, muss das überall gültig sein. Merkst du etwas? Wir kommen zu unserem Ausgangspunkt zurück.

Was heißt das?

Nun, es gibt eine Sache, die universell ist. Das ist die Idee der Wahrheit. Eine Idee, die wahr ist, kann nicht auf ein Land oder eine geschichtliche Epoche beschränkt sein. Wenn sie »wahrhaft wahr« ist, wahr wie zwei plus zwei vier ist, dann ist sie

universell, das heißt, gültig für jeden, zu jeder Zeit und an jedem Ort.
Anders gesagt, die Philosophie steht nicht allein da mit ihrer Suche nach Ideen, die wahr sind. Wir müssen hinzufügen, dass diese Ideen, die wahr sind, auch universell sind und dass wir sie auf allen Gebieten und bei jedem Thema finden, sofern wir uns unseres Verstandes bedienen.
Du siehst so nachdenklich aus. Was ist los?

Ich habe ein Problem. Wenn es so ist, wie du sagst, warum sind sich dann die Philosophen untereinander nicht einig? Sie bedienen sich doch des gleichen Verstandes. Sie verwenden die gleiche Logik. Sie suchen alle die Wahrheit. Sie sind sich einig, dass sie universell sein muss. Und trotzdem sagen sie unterschiedliche Dinge. Warum?

Das ist ein großes und zugleich sehr altes Problem, das schon in der Antike reichlich Zündstoff lieferte. Man machte sich lustig über die Meinungsverschiedenheiten der Philosophen und nutzte die Gelegenheit, um die Philosophie als eine müßige Beschäftigung hinzustellen. Es gehe zu wie auf einem Wochenmarkt, hieß es, lauter verschiedene Stände und an jedem Stand ein Marktschreier: »Hierher, meine Herrschaften, hier und nur hier gibt es die Wahrheit!« Das kann man natürlich verdächtig, lächerlich oder entmutigend finden.

Wir bewegen uns auf Gebieten, wo es so gut wie nie möglich ist, jene universelle Wahrheit zu finden, die alle von sich überzeugt. Aber das hindert uns nicht, sie zu suchen und diese Suche unermüdlich fortzusetzen.
Um zu philosophieren, muss man, glaube ich, zugleich sehr ehrgeizig und sehr bescheiden sein. Sehr ehrgeizig, weil man stets bestrebt ist, alles zu verstehen, alles zu lösen, alles zu analysieren. Und sehr bescheiden, weil man nicht vergessen darf, dass das Ziel nie ganz zu erreichen ist, dass unsere Mittel begrenzt sind und die Mühe grenzenlos ist.
Es gab bei den alten Griechen einen Gegensatz, der uns hier vielleicht weiterhelfen kann: Das Eine und das Viele.

Was ist das?

Eine Weise, durch zwei Wörter viele verschiedene Situationen auszudrücken. Das Eine: Einheit, Vereinigung, der Umstand, nur *eine* Lösung, *eine* Antwort, *eine* Wahrheit zu haben. Das Viele: die Verschiedenheit, die Aufteilung, die Vielfalt der Forschungsgebiete, Lösungen, Antworten.
Beide Extreme sind unerreichbar. Es wird nie nur *eine einzige* Philosophie geben. Aber genauso wenig wird es jemals eine *unendliche* Zahl von Gedanken geben, die nichts miteinander zu tun haben. Es

gibt nicht Milliarden und Abermilliarden Gedankensysteme, die überhaupt keine Ähnlichkeit miteinander haben und die einander nicht verstehen können.
Alles lebt in einem beständigen Spannungszustand zwischen Vielfalt und Einheit. Der Vielfalt kommt zugute, dass es immer neue und andere Ideen gibt, besondere Sichtweisen, Konflikte. Für die Einheit spricht, dass es immer das Bestreben gibt, die Elemente miteinander in Beziehung zu setzen, zu vergleichen und, wenn möglich, zu verbinden.
Das ist der Grund, warum es so vielfältige Philosophen, so vielfältige Denkschulen und so vielfältige Teilgebiete gibt, aber nur *eine* Tätigkeit, die man *die* Philosophie nennt.

Es gibt so viele Dinge … Ich werde sie nie alle entdecken können!

Das ist ohne Bedeutung. Niemand kann alle Bücher lesen, alle Musikstücke hören … Wichtig ist nur, dass du deinen eigenen Weg im Reich der Ideen findest. Wenn es dir zum Beispiel gelänge, dir unter den Philosophen Freunde und Feinde zu schaffen.

Was heißt das?

Freunde sind Philosophen, die Gedanken haben, die du dir auch schon gemacht hast. Sie helfen dir, die Kraft und den Reichtum einiger deiner Gedanken zu entdecken. Sie liefern dir Argumente und ermöglichen dir, das, was du bereits geahnt hast, zu vertiefen und zu festigen.

Und die Feinde?

Das sind die Philosophen, bei deren Lektüre du dir sagst: »Aber wie kann man so etwas denken? Das ist absurd, unmöglich! Das ist grotesk! Ich hätte nie gedacht, dass es so etwas gibt.« Diese Feinde sind sehr wertvoll. Sie sind sogar unentbehrlich. Dank ihrer kannst du neue Perspektiven entdecken, Ideen, auf die du ohne sie nie gekommen wärst. Entscheidend ist auf jeden Fall, dass du dich nicht langweilst, dass du Autoren liest, die du liebst oder verabscheust, die dir Ausrufe der Begeisterung oder der Wut entlocken. Ich glaube das hilft, den Prozess des Denkens in Gang zu setzen.

Und trotzdem langweile ich mich manchmal, vor allem, wenn ich gar nichts verstehe!

Wenn du dich wirklich zu sehr langweilst, musst du aufhören. So einfach ist das. Aber dass du gar nichts verstehst, glaube ich nicht. In jedem Buch gibt es mindestens ein Kapitel, das man fast versteht. In jedem Kapitel gibt es eine solche Seite, auf jeder noch so unverständlichen Seite mindestens einen Satz, den man vollkommen versteht.

Und?

Nun, daran musst du dich festhalten. Klammere dich an das, was verständlich ist. Von dort aus kannst du dir Stück um Stück das erobern, was weniger klar oder vollkommen unverständlich ist. Mit ein bisschen Geduld und Methode wird sich die Landschaft nach und nach verändern. An Ende erlaubt die Philosophie Abenteuer, Entdeckungsreisen, Routen aller Art. Die Philosophie ist eine Tätigkeit, die zu solchen Reisen einlädt. An dir ist es jetzt, deinen eigenen Weg zu finden.

Zum Autor

Roger-Pol Droit ist Philosoph und Journalist. Durch seine Artikel und Kolumnen in *Le Monde* wurde er einem großen Publikum bekannt. Er ist Autor zahlreicher Bücher zu philosophischen Themen. Bei Hoffmann und Campe erschienen »Fünf Minuten Ewigkeit. 101 philosophische Alltagsexperimente« (2002), »Wer glaubt was? Wie ich meiner Tochter die Religionen erkläre« (2003) und »Was Sachen mit uns machen. Philosophische Erfahrungen mit Alltagsdingen« (2005).